"十三五"应用型本科院校系列教材/思想政治教育类

发生在身边的故事

（第2版）

主　编　邵春凤
副主编　胡凤娇　韩　雪
主　审　关晓冬

哈尔滨工业大学出版社
HARBIN INSTITUTE OF TECHNOLOGY PRESS

内 容 简 介

本书内容均来自哈尔滨华德学院学生的实际生活。全书共分七篇:第一篇和第二篇主要介绍了学院"十二个品牌"以及学生近几年参加各类技能竞赛的获奖情况;第三篇和第四篇记述了学生进行创新活动和参加社会实践活动的收获和体会;第五篇、第六篇和第七篇从不同角度讲述了学院的部分三好班级标兵、优秀学生和优秀毕业生的事迹。

本书可以作为普通高等学校思想道德与法治课的辅助教材。

图书在版编目(CIP)数据

发生在身边的故事/邵春风主编. —2版. —哈尔滨:哈尔滨工业大学出版社,2021.8
ISBN 978-7-5603-9479-4

Ⅰ.①发… Ⅱ.①邵… Ⅲ.①思想修养–高等学校–教学参考资料 ②法律–中国–高等学校–教学参考资料 Ⅳ.①G641.6 ②D920.4

中国版本图书馆 CIP 数据核字(2021)第109992号

策划编辑 杜 燕
责任编辑 张羲琰
封面设计 高永利
出版发行 哈尔滨工业大学出版社
社　　址 哈尔滨市南岗区复华四道街10号 邮编150006
传　　真 0451-86414749
网　　址 http://hitpress.hit.edu.cn
印　　刷 哈尔滨市工大节能印刷厂
开　　本 787mm×960mm 1/16 印张10.5 插页2 字数182千字
版　　次 2019年8月第1版 2021年8月第2版
　　　　　2021年8月第1次印刷
书　　号 ISBN 978-7-5603-9479-4
定　　价 26.80元

(如因印装质量问题影响阅读,我社负责调换)

序

让大学生在党和国家制定的教育方针指引下健康地成长，成为对民族振兴和社会发展有用的人才，是学校教师、管理人员始终应承担的职责。为了引导广大大学生树立正确的世界观、人生观、价值观，教育部组织众多的专家编写了具有新时代特征的思想政治理论课教材，对大学生进行系统而完整的教育。但是，如何提高学习的实效，让课程的观点、方法入脑入心，却需要各个学校、各位教师认真地研究。

哈尔滨华德学院以学生为本，深化教学改革，勇于创新，结合学院和学生的实际，把学院成长发展中形成的办学理念、校风学风、育人的优势等方面的素材加以总结提炼，形成了这本《发生在身边的故事》。本书所选的内容来自学院、学生，都是我们亲身经历的事例，无论是学院的品牌，还是优秀学生、先进班级的事迹，以及创新人才的涌现，都发生在我们身边。

作者为编撰本书花费了大量的精力，他们为了取得好的教学效果，为了学生的成长，千方百计完成了这本教材的资料收集及整理编撰工作，许多职能部门也积极支持配合他们的工作，大家为了一个共同的目标而努力。我们希望学生在学习思想政治理论课程的同时，抽出时间认真阅读这本辅助教材。它没有深奥的理论、枯燥的说教，而以我们身边的事例为主，因而具有很高的可读性。我们也欢迎同学们不断总结好的经验、好的范例，为教材补充新的内容。

同学们要珍惜大学时光，做好成长进步的规划，目标明确，锲而不舍，定会成为有益于社会的人才。

竺培国

前　言

马克思主义思想政治理论课是高校思想政治工作的主渠道。实践证明，理论教育必须要与学生的思想实际、素质实际相结合，这种结合还必须依据教育对象的特点，因人制宜，有的放矢。有人认为，仅靠理论说教、典型案例的讲解，学生会觉得高不可攀、离得太远，解决不了问题。我们在思想政治理论课，尤其是在"思想道德修养与法律基础"课教学中，结合教学内容，以学生身边发生的事情作为案例进行教学，学生感到亲切、可信、可学、可行，收到了较好的效果。因此激发了我们编写这本辅助教材的动力。

哈尔滨华德学院建院以来，在学院理事会和顾德库校长的领导下，在艰辛探索中，形成了"侧重个性培养，全员成才教育"的育人理念，营造了整体育人的氛围。经全院师生努力，打造了多种学生文化品牌；涌现了一批围绕教学开展科技创新，在省、市乃至全国竞赛中获得优异成绩的团队；出现了一批积极向上、团结互助、学习努力、成绩优良的三好班级标兵；成长起一批励志奋发、自强不息、刻苦勤奋、无私奉献的优秀学生。本书把学院的十二个品牌、学生参加各类技能竞赛的获奖情况、实践创新团队的创新活动及心得体会、学生参加社会调查的社会实践活动纪实和收获、三好班级和优秀学生的故事分别以"品牌创新篇""科技成果篇""实践创新篇""社会实践篇""优秀班级篇""优秀个人篇""优秀校友篇"的形式进行展现，以激励学生奋发向上、积极进取的热情，以及刻苦学习、勇于实践创新、努力成才的决心。

顾德库校长和竺培国教授对这本辅助教材给予了直接的指导，顾校长为品牌和各类赛事写的诗词附在相应文章后，竺教授则为本书做了序。

本书由邵春凤担任主编，胡凤娇、韩雪担任副主编，关晓冬担任主审。本书由哈尔滨华德学院思想政治理论课教师集体编写，其中，邵春凤老师审读全书并编写了"品牌创新篇"，罗永旭老师编写了"科技成果篇"，韩雪老师编写了"实践创新篇"，周启新老师编写了"社会实践篇"，赵青梅老师编写了"优秀班级篇"，胡凤娇老师编写了"优秀个人篇"，杨漫秋老师编写了"优秀校友篇"。

由于编者水平有限，书中难免有不妥之处，敬请广大师生提出宝贵的修改意见。

编　者
2021 年 5 月

目 录

第一篇　品牌创新篇 1

第二篇　科技成果篇 19

第三篇　实践创新篇 41

第四篇　社会实践篇 85

第五篇　优秀班级篇 97

第六篇　优秀个人篇 121

第七篇　优秀校友篇 145

第一篇　品牌创新篇

校园文化品牌是学校的重要资源,是学校整体实力的反映,更是学校宝贵的精神财富。校园文化品牌的核心价值就是文化育人。培育校园文化品牌对于提升学校内涵建设,加强和改进大学生思想政治教育,全面提高大学生综合素质有着十分重要的作用。

在华德,从顾德库校长创意、倡导并培育的校园文化建设历程,凝练出独具特色的"134123"校园文化体系,即"一个整体建设理念""三个切入点""四育人""十二个品牌""三个培养"。

"一个整体建设理念":理念引领、整体规划、系统建设,协同践行,精细管理,以学生为主体、以教师为主导、以教学为中心,教育教学并重;注重积累沉淀精神文化,营造育人氛围,构建全员、全方位、全过程育人格局。

"三个切入点":从"理想、信念、志向教育"切入,引导学生树立坚定的理想信念和远大志向;从"文明礼貌、行为习惯引导"切入,促进学生良好行为习惯的养成;从"以教学为中心,围绕成才、就业、创新开展学生活动"切入,引导学生德、智、体、美全面发展。

"四育人":教书育人、管理育人、服务育人、环境育人。

"十二个品牌":课前五分钟演讲、华德霓裳、升国旗手资格状、国旗护卫队、华德雪艺、华德创造、"博文"党员志愿服务队、大学生军训教官团、校园文化建设大学生志愿团、诚信驿站、雷锋精神践行团、校园文化展览馆。

"三个培养":培养生产、经营、管理、服务第一线的工程师、设计师、管理者;培养向高级管理、高级研发提出挑战和竞争的学生;培养自主创业、艰苦奋斗去寻求成功的学生。

其中"十二个品牌"将学生的兴趣、爱好引向专业学习和创新活动中去,成为与教风、学风、院风建设凝结在一起的校园文化载体,从而对塑造学生精神、心灵和性格,挖掘学生潜能,拓展学生视野,以及学生就业、创业产生重要的影响。

良好的品牌形象展现了华德学院的办学特色,并成为学校开展理想信念教育、综合素质培养的特色平台,经过多年的孕育打造,其育人功能突出,内化外延成果显著。

1. 课前五分钟演讲

"课前五分钟演讲"活动是从1994年开始,在每天上课前利用五分钟的自习时间,按照每个班级的学生学号由一人上台演讲。全体学生在校期间均参与其中。它已成为学生进行自我教育的主阵地。这一活动不仅锻炼了学生的语言及文字表达能力,同时也开阔了学生的视野,增长了学生的胆量和见识,更成为学生进行自我启发、自我教育的良好平台。除了课堂上的演讲练习,各分院还定期开展主题演讲训练营、户外拉练等活动,将演讲场所延伸至户外,既提高了学生的综合素质,也促使更多的学生热爱演讲。"我的中国梦""青春共筑新时代""学习中共十九大"等一系列主旋律和正能量话题成为共享思辨、学生思政的有效途径。越来越多的学生在"课前五分钟演讲"活动中锻炼、成长,并在各类演讲比赛中取得突出成绩。该活动在2005—2006年度哈尔滨工业大学共青团学生活动品牌认证工作中得到了与会专家的一致认可,被评为A级品牌。华德学院"新时代先锋"宣讲团就是由来自不同学院的学生党员、团员代表,围绕"我眼中的中国"从不同视角进行主题宣讲。这不仅是新思想引领新时代的正能量宣传,更是学生语言表达能力的展现。"新时代先锋"宣讲团至今已完成多次大型宣讲活动,累计受益学生达5 000人以上,为营造和谐向上的校园氛围做出了贡献,同时也扩大了华德学子在社会上影响。"新时代先锋"宣讲团参加全省2019"幸福社区"微公益项目启动仪式,经专家团评审,从237个申报项目中脱颖而出,并获得活动资金5 000元。在庆祝中华人民共和国成立70周年之际,"新时代先锋"宣讲团成员于9月22日在中央大街参加"国旗·国徽·国歌专题展",为现场观众带来《中国路中国桥》《我眼中的中国》《传承红色基因弘扬抗联精神》爱国主题演讲。他们用真挚的情感、澎湃的热情,一个个生动感人的真情讲述,一句句铿锵有力的铮铮誓言,赢得了现场观众的热烈掌声。"课前五分钟演讲"激发了学生服务社会的热情,不断提升着志愿服务质量,为龙江全面振兴注入了华德力量。

2. 华德霓裳

"华德霓裳"是学院服装设计与工艺系学生在每年的课程设计、毕业设计等实践教学环节中,自行设计、制作极具特色的精美服饰,并由训练有素、演出经验丰富的"梦故事"学生模特队通过大型服装专场表演对服饰进行展示与诠释的活动。该活动从2001年开始并延续至今。这之前,华德学院其他系学生在毕业时都会以各种形式在全院师生面前汇报展示他们的毕业设计作品,而服装设计与工艺系的学生却只是"纸上谈兵",无法直观地将毕业设计作品展示出来。顾校长便提议让学生自己设计、制作成衣,并举行毕业汇报演出。于是,服装设计与工艺系1999级学生便在毕业前做了第一次尝试。他们自行设计、制作了极具特色的精美服饰,并组建了一支名为"梦故事"的学生模特队,在服装系教师的指导下,通过服装表演的形式将毕业设计作品进行展示,收到了极好的效果。顾校长在参加1999级服装设计与工艺系学生组织的大型服装专场表演时,现场吟诗并将活动命名为"华德霓裳"。经过多年的发展,如今"华德霓裳"已成为塑造华德形象、发扬华德精神、落实华德办学理念的窗口,学生的设计作品多次在国家和全省的大型赛事上获奖,在社会上享有一定的声誉,受到中央电视台、哈尔滨电视台、哈工大电视台及《黑龙江画报》《生活报》《晨报》等媒体的关注。

发生在身边的故事

2001级服装班毕业设计汇报演出即席祝贺

顾德库

又是仲夏落霞时,学子新装展丰姿。

融合百家百蝶舞,古韵今韵恋奇思。

红紫随心旋风暴,假日黎明现情致。

离校何须淡淡愁,绿野巾帼好吟诗。

二〇〇四年六月

注:2001级服装班37名学生毕业设计。该班自行设计并制作了37个主题作品,每个主题有5~6套服装。从1999级毕业班开始,毕业设计作品要做表演汇报。学生模特队出色的表演很好地演绎了作品主题。顾校长从节目单中选取利于对仗押韵的题目入诗,即席表达心情。此诗中涉及15个主题名称:《丰姿》《融合》《春舞》《古韵》《水晶之恋》《思》《红》《紫色心情》《随心所动》《红色风暴》《假日广场》《黑土情》《黎明破晓之间》《巾帼英雄》《绿野仙踪》。

服装设计及工艺系"流光 E 彩"展即席

顾德库

五月迎庆节日频,服装展览硕果醇。
流光忆彩十一载,流光异彩耳目新。
流光艺彩成技艺,流光衣彩式琅琳。
流光溢彩多佳绩,流光逸彩鹤入云。

二〇一〇年五月十七日

3. 升国旗手资格状

"升国旗手资格状"活动于 2003 年由顾校长倡议发起,在每周一和重大节庆日的升旗仪式上,由院领导为在某一方面取得突出成绩或做出突出贡献的升旗手(包括学生、教职员工、优秀校友)颁发华德学院特别制作的荣誉证书"升国旗手资格状"。经过十多年的发展,该活动已成为华德学院进行爱国主义教育、价值观教育的励志平台,表彰那些始终坚持传承、践行华德精神的优秀师生员工的荣誉平台,更是激励师生员工不断进取、创先争优的励志台。截至目前,已有千余名师生员工荣获"升国旗手资格状"。

4. 国旗护卫队

国旗护卫队成立于2004年，原名哈尔滨工业大学华德应用技术学院国旗班，2011年正式更名为国旗护卫队。国旗护卫队由严格挑选的品学兼优的学生组成，承担着华德学院升降国旗和重大活动的军礼仪仗任务。国旗护卫队采用半军事化管理体制，以弘扬爱国主义精神为己任，以展现当代大学生积极进取的精神风貌为目标，纪律严格，训练有素，护卫着国旗与朝霞同升、与晚霞同降。队员们脚踏实地、铿锵有力，他们英姿飒爽、器宇轩昂，他们是校园中最为"特殊的存在"。至今，已有千余名队员心怀浓厚的国旗情结历练于此。

他们为爱坚守，将爱国情怀传递给留守儿童。自2017年华德学院与绥化市青冈县9所中小学对接以来，他们便成立了"爱国精神我来谈"宣讲小分队，多次深入留守儿童群体中，开展"小我融大我，青春献祖国""传承红色经典，砥砺爱国情怀，书写人生华章""缅怀革命先烈，争做时代新人"等主题宣讲。

他们用心发声，让白山黑水故事撒遍黑土地。他们充分与哈尔滨东北烈士纪念馆对接，将其作为爱国主义教育基地，并通过学校"课前五分钟演讲""雷锋精神宣讲团"等平台向全校师生讲述白山黑水的故事，累计进行北抗联精神宣讲450余次。

为庆祝中华人民共和国成立70周年，国旗护卫队组建"走大好河山，录眼中祖国"社会实践团队，以暑假期间所见所闻去体会70年来我国发生的巨大变化，参观学习了全国10个省市28个地区的历史博物馆、文化展览馆、旅游胜地，并向当地的人们讲述"东北抗联精神"，为祖国70华诞献上祝福。

他们录制的"青春万岁 强国有我"短视频参加2019"我宣誓 你接力"中国青年报·中国高校传媒联盟全媒体传播系列短视频征集活动，并脱颖而出，荣获"优秀组织单位"称号。团队事迹曾被《黑龙江经济日报》刊登，并连续5年荣获华德学院"先进学生组织"荣誉称号。

5. 华德雪艺

"华德雪艺"始于2005年,是华德学院的校园文化品牌之一,由艺术系学生成立的"华德雪艺"团体而得名。师生以华德精神为灵魂,以艺术设计为基础,以各类冰雪雕比赛为载体,开展冰雪雕艺术创作活动。冰雪雕塑这个庞杂的工程,不仅需要精湛的技艺,更需要强大的毅力。师生们每当创作到夜深,周围已是漆黑一片,但他们并没有停止创作,搓搓双手,仍旧点着头灯继续奋战。虽然严寒冰冻、夜色黑暗,但师生们相互支持、相互鼓励,用团结和毅力战胜一切困难,心中涌动着火一般的温暖。正是心系华德这片沃土,铭记"大爱、责任、荣誉、合力、坚韧"的华德精神,这支冰雪雕塑创作团队用他们的智慧和毅力向世界一次又一次地证明了中国,展示了中国。严冬和风雪的磨砺,培养了他们特有的品格,塑造了他们对严寒的乐观和对冰雪由衷的热爱。他们将华德精神融入作品,以浓厚的冰雪艺术文化为底蕴,以精湛的艺术造诣为基础,怀着坚定的信念,承载着家乡和祖国人民的期盼,奔赴一个又一个赛场,将一座座炫目、有创意、灵动的冰雪雕塑作品呈现在世界面前。

此项活动开展以来,培养了一批冰雪艺术人才,也获得了国内外冰雪赛事金奖大满贯的佳绩,为龙江冰雪文化发展和冰雪旅游经济发展做出了突出贡献。2010年1月,第十五届中国·哈尔滨太阳岛国际雪雕比赛中国三队("华德雪艺"队)的作品《未来力

发生在身边的故事

量》蟾宫折桂,夺得一等奖。这是哈尔滨举办国际雪雕比赛十五届以来,中国队首次获得一等奖。之后,华德学生在各类国际、国家级、省级雪雕和冰雕艺术设计大赛中多次取得金奖、第一名的好成绩。成绩的取得说明该品牌已成功实现了教学、学生综合素质培养和学生活动的有机统一,也彰显出该品牌所蕴含的独特艺术魅力和无穷的生命力。2012年10月,华德学院艺术与传媒学院被确定为第二十五届中国·哈尔滨太阳岛国际雪雕艺术博览会主设计单位,"华德雪艺"再次以雄厚的实力赢得了政府和人民的肯定和认可,他们以"雪的世界,雪的梦想"为主题,通过不同"乐曲"的节奏与韵律,带领中外游客用眼睛"聆听"冰雪与音乐的完美和声。

忆吹箫·贺第六届黑龙江省雪雕比赛华德雪艺队获奖

顾德库

莫道冬暖,说说冷了,周天真个寒妆。

雪艺邀专访,晴好斜阳,玉宇琼楼霄汉,

银凤美,振翅高翔。

千姿巧,人能剪水,岛是仙乡。

学廊,创新竞技,灵慧各张扬。

动感春芳。

众志华德唱,自信谁强。

呵雾成霜不苦,刀做铲,剔透圆方。

佳音到,荣膺亚军,再整征装。

二〇〇五年十二月

6. 华德创造

"华德创造"是围绕教学开展的又一学生文化品牌活动。多年来,华德学院结合自身的工科优势和应用型人才的培养定位,举办学生科技节和学生发明创造成果展示活动,引导、支持和鼓励学生的发明与创造。学生的发明创造及各级赛事获奖(专利)作品,统称为"华德创造"。这一活动以专业竞赛为抓手,以学生科技节为载体,在学院各级领导的有力支持、专业教师的具体指导、各分院学生创新小组的积极参与下,得到了健康发展。"华德创造"活动的开展,有力地推动了学生的实践创新活动,既调动了学生的专业学习兴趣,又培养和锻炼了学生的实践创新能力,成为又一个提高学生综合素质的有效平台。

7. "博文"党员志愿服务队

"博文"党员志愿服务队成立于2007年,原名机电学院青年志愿者服务队,为纪念2015年8月12日在天津港特别重大火灾事故中壮烈牺牲的2014级校友、19岁的花季少年陈博文烈士,于2016年更名为"博文"党员志愿服务队。现有在册志愿者779人,曾获"黑龙江省高校2016—2017年度道德模范提名奖"。服务队自成立至今,本着"不搞形式、不走过场、务实奉献"的原则,积极在爱国主义教育、文明城市建设、专业知识对口帮扶、敬老爱老、困难地区帮扶、救助困难儿童等方面开展志愿服务活动,其事迹在2015年中国青年公益论坛上作为主汇报内容与省内高校志愿者团队分享。2016年,"博文"党员志愿服务队被中国青少年发展基金会"爱心衣橱"黑龙江站授权为唯一一支在校大学生志愿服务队。

自"爱心衣橱"黑龙江站第一批爱心羽绒服抵达哈尔滨之日起,"博文"党员志愿服务队便参与到该项目的志愿服务中。队员们积极参与爱心仓库的搬迁、整理等工作,并多次前往衣橱仓库对待捐的衣物进行整理核对,保证了捐衣行动的顺利进行。截至2018年3月,共整理核对爱心羽绒服6 000多件,涉及20多个贫困学校。队员们分别前往大庆市杜尔伯特自治县烟筒屯镇中心小学和哈尔滨市道外区巨源镇新丰小学为贫困学生捐献爱心衣物450余件,走访贫困学生家庭10余家并与之建立帮扶关系。

中国青少年发展基金会爱心衣橱基金管理委员会为"博文"党员志愿服务队颁发"优秀团队"荣誉证书,充分表达了"爱,是一种无声的诺言,只要一点火花,就能让世界充满温暖;爱,是一种无偿的交换,只要小小一缕奉献,就能让彼此真诚相待"。这不仅是对服务队过去辛苦服务的肯定,更是对今后长期合作的支持。

8. 大学生军训教官团

华德学院于2008年9月成立军训体工部,在学院军训领导小组的领导下,全面负责学生军训工作。2010年,学院开始系统培训教官,通过严格的军事训练、理论培训、军区考核,逐渐形成了一支由青年教师、退伍复学学生和国旗护卫队队员组成的大学生军训教官团,并依靠这支优秀的队伍出色地完成了2013级至今历届新生军训任务,军事训练效果显著,形成了具有华德特色的军训工作新模式,并作为唯一一所民办高校在省军区召开的全省学生军训工作会议上分享经验,孙东生副省长在报告中给予高度肯定。

"英姿飒爽军容壮,队列堪比专业强。大爱坚毅铸班魂,华德品牌育栋梁。"华德人胸怀"大爱、责任、荣誉、合力、坚韧"的华德精神,以"爱国、爱党、爱民"为己任,用坚韧不拔的品质合力铸就一项项属于华德的荣誉,而这些无不展现出华德人心中的报国之志。冬日的清晨寒风凛冽,身着统一训练服的大学生军训教官团成员在校园集合开始拉练。绕学校跑2圈、启峰山上下跑4圈、蛙跳200米、站军姿40分钟……背上的汗水浸透衣衫又结成薄冰。这样高强度的训练,对于他们而言是"家常便饭"。据统计,在每年春秋季学期,教官团累计共接受常规训练260小时、晚间加强训练90小时。在学期末和新生军训开始前的寒暑假,他们还会享受"部队大餐":到省军区进行全封闭集训,并到帽儿山等地开展拓展训练。就这样,他们冬练三九、夏练三伏,用军人的意志品格锤炼自己。而这样钢铁般的队伍在训练新生时,也把这种遵守纪律、令行禁止的优良作风内化为新生的优秀品质,增强他们的国防观念,为新生入学教育上了深刻的一课。

"来到华德,是我不后悔的选择。加入到大学生军训教官团,让我有了精神和体能的双飞跃。我愿在这里挥洒我的青春!"谈起大学生军训教官团,经济管理学院大三学生徐婷满是自豪。作为教官团一员,在校期间表现出色的她被学院推荐实习,当听到新生军训即将开始,她协调好工作后,从实习岗位上回到学校,集训后马上投入新生训练中。"教官团充分展现了学校的精神文化,我在这里磨炼了意志,锻炼了体能,树立了远大的志向,养成了良好的学习生活习惯,这都是教官团赋予我的。饮水思源,无论我在天涯海角,只要母校需要我,我都义不容辞。"徐婷这样说的也是这样做的。大学生军训教官团就是这样一个凝心聚力的"魔力磁场"。曾担任国旗班班长的李云龙同学表示,从小热爱戎装的他对军人有着深深的崇拜。回想起他刚加入教官团时,穿上那一身精神抖擞的国防绿,那种血脉贲张仍在心头涌动。大家看到了教官团成员身着迷彩、意气风发地指挥队伍,却不知道背后他们流下的汗水,除了日常体能训练外,他们每天还要分项目学习条令、教学法、军队武器装备等军事理论知识,并进行周考核。"'流血流汗不流泪,掉皮掉肉不掉队',我愿和学弟学妹们共同践行华德的精神理念,锤炼军人坚毅的品质,让他们在华德成长成才,报效祖国。"李云龙坚定地说。

9. 校园文化建设大学生志愿团

校园文化建设大学生志愿团于2014年9月初组建,成员为在校学生志愿者。他们以"形象立起来、身影动起来、服务实起来、素养高起来、校园好起来"为目标,从校园治安、文明言行、学习秩序、生活自律等方面入手,充分发挥志愿团成员的作用,并通过他们的表率作用带动全校师生员工用实际行动践行华德精神。如今,校园文化建设大学生志愿团对内已成为发挥学生党员先锋模范作用、培养锻炼学生骨干队伍的平台;对外则是展示华德形象的又一品牌,创新育人工作实践的新亮点。

10. 诚信驿站(原"小葵"公益自助服务驿站)

诚信驿站是从2016年10月开始开展的公益创业项目活动,坚持以学生为本,服务学生,方便学生,以学生诚信意识培养为重点,采用无人值守的售卖形式,在教学区设置驿站售卖日常学习生活用品,承诺所售商品零利润,收入均用于公益事业。诚信驿站成立以来,学生的购买热情不断提高,驿站收入持续增多,已通过全省"大手拉小手"留守儿童关爱行动资助多名孤儿。目前,诚信驿站服务项目成功入围团中央"千校千项"成果遴选评选活动、黑龙江省志愿服务"五个100"评选活动,并被光明网、中国教育在线等网络媒体报道;2018年获黑龙江省优秀志愿服务项目和第四届全国"互联网+"创新创业大赛黑龙江赛区三等奖;诚信驿站社会实践团队成功入围由中国青年报主办的2018年"寻找全国大学生百强暑期实践团队"活动。该品牌选择向日葵花瓣的卡通人物"小葵"作为形象使者,象征华德学生永远诚信、阳光、充满爱心、积极向上。诚信驿站由最初的单一服务项目一步步拓展建设,发展到现在拥有小葵直播间、小葵留言吧、失物招领栏、爱心招募处、爱心公益点等优质服务项目。随着越来越多的志愿者加入"小葵"公益志愿服务队,大家一起用爱心成就梦想,用真情点燃希望!

11. 雷锋精神践行团

华德学院办学以来,坚持践行弘扬雷锋精神,通过连年举办雷锋精神藏品展览、"学风建设百日行"活动、联合创业成功校友孙甲子成立黑龙江省黄手环爱心联盟"黄手环"华德学院服务站,持续开展爱老敬老爱心服务活动,将雷锋精神深植学子心中,在社会各界取得很大反响。2018年9月,顾德库校长提议将雷锋精神践行团确立为校园文化活动品牌,通过持续打造与深化发展,使其成为学校学习践行雷锋精神的重要载体和新时期做好思想政治教育工作的重要平台。该品牌在校内通过组织"学风建设百日行"活动、定期参观学习雷锋藏品陈列馆以及黑龙江省雷锋精神研究会的研学活动,进一步倡导学风建设,传播雷锋精神,讲述雷锋故事;同时通过聘请知名人士担任校外辅导员、校友学雷锋活动及志愿服务活动来延伸推广，传递正能量，践行社会主义核心价值观，将雷锋精神代代传承下去。品牌宗旨是通过不断学习践行雷锋精神，引导华德学子热爱祖国、刻苦学习、懂得感恩、服务人民。2019年，华德学院建成雷锋纪念馆并坚持公益开放，对内为育人支撑，对外辐射哈尔滨新区，服务龙江红色文化教育，为弘扬雷锋精神、培育青年学生社会主义核心价值观发挥着重要作用。

12. 校园文化展览馆

校园文化展览馆是一座集教育家思想、东北抗联精神、雷锋精神和华德精神为主题的综合展馆，展厅面积约1 500平方米。其前身为始建于2004年的学校校史展览室和始建于2010年的黑龙江黄炎培职业教育思想展览馆。2012年加入黑龙江省高校博物馆育人联盟，是14家发起单位之一。

建设校园文化展览馆的宗旨是为了传承革命传统文化，学习研究教育家思想，大力弘扬东北抗联精神、雷锋精神和华德精神，为深化师生价值观教育开辟一块文化阵地，为区域文化服务、文化建设贡献一分力量。馆内包括以开展教育思想研究、弘扬传统文化和教育家思想为主的教育家纪念馆（黄炎培馆、陶行知馆）；以开展爱国主义教育、弘扬地域文化和龙江精神为主要体现的东北烈士纪念分馆（与东北烈士纪念馆合作）；以展现雷锋光辉一生、传承雷锋精神为主题的学习雷锋藏品陈列馆；以展现学校发展历程、弘扬华德精神和开展校史校情教育的校史馆。

　　校园文化展览馆坚持立德树人、以文化人,坚持立足新区、服务龙江,为推动革命传统文化融入教育教学,加强大学生思想政治教育和国防教育提供有效平台。校园文化展览馆建立以来,接待参观学习者数万人,是黑龙江省国防教育基地和黑龙江省教育厅评选的首批黑龙江省中小学研学基地。

第二篇　科技成果篇

华德学院作为应用型高校,更注重学生动手能力的培养。建院以来,坚持理论与实践、学习与应用相结合的原则,重视、鼓励学生参加各类专业竞赛,通过各类比赛,充分发挥学生的主观能动性和创造性,达到检验教学效果、提高学生专业能力的目的。近年来(2017年至2019年),在教师指导下,学生在省级、国家及国际各类专业技能比赛中获得600余项奖项。在与国内一些名校学生同台竞赛中,华德学生多次取得一、二等奖或金奖、银奖等佳绩,不仅为学院争得了荣誉,而且也大大地激励了学生奋发向上的进取精神,特别是在加强实践动手能力、应用能力等方面的锻炼后,他们同样可以一展所长。

学生参加各类技能竞赛部分获奖情况汇总表（2017—2019）

序号	奖项	获奖学生	获奖名次	授予单位	获奖时间	获奖级别
1	2017年东北三省数学建模竞赛	张昭、杨婷	二等奖	东北三省数学建模竞赛组委会省教育厅	2017年6月	地区级
2	第九届黑龙江省"龙江杯"大学生先进成图技术与产品信息建模创新大赛	李妍	尺规绘图二等奖	黑龙江省教育厅高教处，黑龙江工程图学学会	2017年6月	省级
3	第九届黑龙江省"龙江杯"大学生先进成图技术与产品信息建模创新大赛	朱凯	尺规绘图二等奖	黑龙江省教育厅高教处，黑龙江工程图学学会	2017年6月	省级
4	第九届黑龙江省"龙江杯"大学生先进成图技术与产品信息建模创新大赛	孙秀丹	三维建模二等奖	黑龙江省教育厅高教处，黑龙江工程图学学会	2017年6月	省级
5	第九届黑龙江省"龙江杯"大学生先进成图技术与产品信息建模创新大赛	赵书君	三维建模二等奖	黑龙江省教育厅高教处，黑龙江工程图学学会	2017年6月	省级
6	第九届黑龙江省"龙江杯"大学生先进成图技术与产品信息建模创新大赛	吴昊禹、李欣睿、朱凯、李妍、孙秀丹	团体三等奖	黑龙江省教育厅高教处，黑龙江工程图学学会	2017年6月	省级
7	第九届黑龙江省"龙江杯"大学生先进成图技术与产品信息建模创新大赛	黄宇萌	尺规绘图一等奖	黑龙江省教育厅高教处，黑龙江工程图学学会	2017年6月	省级
8	第九届黑龙江省"龙江杯"大学生先进成图技术与产品信息建模创新大赛	肖堃	尺规绘图一等奖	黑龙江省教育厅高教处，黑龙江工程图学学会	2017年6月	省级

续表

序号	奖项	获奖学生	获奖名次	授予单位	获奖时间	获奖级别
9	第九届黑龙江省"龙江杯"大学生先进成图技术与产品信息建模创新大赛	崔林	尺规绘图二等奖	黑龙江省教育厅高教处,黑龙江省工程图学学会	2017年6月	省级
10	第九届黑龙江省"龙江杯"大学生先进成图技术与产品信息建模创新大赛	王炳千	尺规绘图二等奖	黑龙江省教育厅高教处,黑龙江省工程图学学会	2017年6月	省级
11	第九届黑龙江省"龙江杯"大学生先进成图技术与产品信息建模创新大赛	黄宇萌	全能二等奖	黑龙江省教育厅高教处,黑龙江省工程图学学会	2017年6月	省级
12	第九届黑龙江省"龙江杯"大学生先进成图技术与产品信息建模创新大赛	肖昱	全能二等奖	黑龙江省教育厅高教处,黑龙江省工程图学学会	2017年6月	省级
13	第九届黑龙江省"龙江杯"大学生先进成图技术与产品信息建模创新大赛	杨金成	三维建模一等奖	黑龙江省教育厅高教处,黑龙江省工程图学学会	2017年6月	省级
14	第九届黑龙江省"龙江杯"大学生先进成图技术与产品信息建模创新大赛	黄开成	三维建模二等奖	黑龙江省教育厅高教处,黑龙江省工程图学学会	2017年6月	省级
15	第九届黑龙江省"龙江杯"大学生先进成图技术与产品信息建模创新大赛	肖昱、王炳千、黄宇萌、杨金成、张磊	团体二等奖	黑龙江省教育厅高教处,黑龙江省工程图学学会	2017年6月	省级

续表

序号	奖项	获奖学生	获奖名次	授予单位	获奖时间	获奖级别
16	第五届全省高校播音主持新人选拔赛	金红	三等奖	黑龙江省文学艺术界联合会、黑龙江省电视艺术家协会	2017年6月	省级
17	全国二手车鉴定评估师技能大赛	卢强、金忠梁、钟源	三等奖	全国二手车鉴定评估师技能大赛组委会	2017年6月	省级
18	全国二手车鉴定评估师技能大赛	曹连帅、于晨晨、何雅琴	三等奖	全国二手车鉴定评估师技能大赛组委会	2017年6月	省级
19	第二届黑龙江省大学生光电设计竞赛	王睿涵、张春月、张琪	二等奖	黑龙江省教育厅、黑龙江省光电学会	2017年6月	省级
20	第二届黑龙江省大学生光电设计竞赛	丁荣帅、薛超、李凌月	二等奖	黑龙江省教育厅、黑龙江省光电学会	2017年6月	省级
21	2017年黑龙江省大学生机器人及人工智能大赛	洪方遇、李蕙隆、薛源	一等奖	黑龙江省教育厅	2017年6月	省级
22	2017年黑龙江省大学生机器人及人工智能大赛	刘金铭、门亮、于子涵	二等奖	黑龙江省教育厅	2017年6月	省级
23	2017年黑龙江省大学生机器人及人工智能大赛	魏国强、韩子石、张洪阳	三等奖	黑龙江省教育厅	2017年6月	省级

续表

序号	奖项	获奖学生	获奖名次	授予单位	获奖时间	获奖级别
24	第十一届"毕昇杯"全国电子创新设计竞赛	周泽翔、杜鹏、程缪斯	一等奖	"毕昇杯"全国电子创新竞赛组委会	2017年6月	国家级
25	第十一届"毕昇杯"全国电子创新设计竞赛	王赫、单体鑫	二等奖	"毕昇杯"全国电子创新竞赛组委会	2017年6月	国家级
26	第十一届"毕昇杯"全国电子创新设计竞赛	许亮、宁博文、孙宏伟	二等奖	"毕昇杯"全国电子创新竞赛组委会	2017年6月	国家级
27	第十一届"毕昇杯"全国电子创新设计竞赛	姚立颜、蔡井泉、王健	三等奖	"毕昇杯"全国电子创新竞赛组委会	2017年6月	国家级
28	第四届"台达杯"高校自动化设计大赛	姚远、武富龙、王艳禄	一等奖	教育部高等学校自动化类专业教学指导委员会	2017年7月	亚洲地区
29	"建行杯"第三届黑龙江省"互联网+"大学生创新创业大赛	赵文杰、贺然一	二等奖	黑龙江省教育厅	2017年8月	省级
30	"建行杯"第三届黑龙江省"互联网+"大学生创新创业大赛	刘满、李佳倚、邱龙、李钰慧、刘玥、姜铭	三等奖	黑龙江省教育厅	2017年8月	省级
31	第三届中国"互联网+"大学生创新创业大赛(黑龙江赛区)	张哲豪、钱杰铭、涛沙、徐玉琪、项海涛	二等奖	黑龙江省教育厅	2017年8月	省级
32	2017年全国大学生物联网设计竞赛(TI杯)	张悦莹、刘露	二等奖	教育部高等学校计算机类专业教学指导委员会全国大学生物联网设计竞赛组委会	2017年8月	地区级

第二篇　科技成果篇

续表

序号	奖项	获奖学生	获奖名次	授予单位	获奖时间	获奖级别
33	第七届"赛佰特杯"全国大学生物联网创新应用设计大赛	张雪、王晓曼、张巨伟、朱欣睿、周婷婷	二等奖	中国电子学会	2017年8月	国家级
34	第七届"赛佰特杯"全国大学生物联网创新应用设计大赛	吴圆、任洋、郭维、曹鑫磊、罗树国	三等奖	中国电子学会	2017年8月	国家级
35	第七届"赛佰特杯"全国大学生物联网创新应用设计大赛	张悦莹、刘潞、贺文俊、乔洪楠、赵振宇	三等奖	中国电子学会	2017年8月	国家级
36	2017第九届全国大学生广告艺术大赛	张涛	一等奖	中国高等教育学会、全国大学生广告艺术大赛组委会	2017年9月	国家级
37	第七届"龙建杯"黑龙江省高校大学生土木工程技能大赛结构大赛专项	马新钰、朱凯、李妍、赵若轩	二等奖	黑龙江省教育厅、黑龙江省公路协会	2017年9月	省级
38	第七届"龙建杯"黑龙江省高校大学生土木工程技能大赛知识问答专项	吕金浩、王宁、郭晓明	二等奖	黑龙江省教育厅、黑龙江省公路协会	2017年9月	省级
39	2017"外研社杯"全国英语演讲大赛黑龙江赛区	苗朔	二等奖	教育部高等学校英语专业教学指导分委员会	2017年10月	省级
40	全国三维数字化创新设计大赛	杨金城、张磊、常莹、崔真	特等奖	国家制造业信息化培训中心	2017年10月	省级

续表

序号	奖项	获奖学生	获奖名次	授予单位	获奖时间	获奖级别
41	全国三维数字化创新设计大赛（黑龙江赛区）	杨嘉文、杨大超、朱存琳、杨金城	一等奖	国家制造业信息化培训中心	2017年10月	省级
42	全国三维数字化创新设计大赛（黑龙江赛区）	李杨、朱存琳	二等奖	国家制造业信息化培训中心	2017年10月	省级
43	第七届"龙建杯"黑龙江省大学生测量大赛测量水准专项	吴昊禹、唐垒、赵若轩、薛永志	一等奖	黑龙江省教育厅高教处、省公路学会	2017年10月	省级
44	第七届"龙建杯"黑龙江省高校大学生技能大赛全站仪测量专项	吴昊禹、唐垒、赵若轩、薛永志	二等奖	黑龙江省教育厅高教处、省公路学会	2017年10月	省级
45	第七届"龙建杯"黑龙江省高校大学生土木知识竞赛	姜天乔、童春祥、王淼	三等奖	黑龙江省教育厅高教处、黑龙江省土木建筑学会	2017年10月	省级
46	2017全国大学生数学建模竞赛（黑龙江赛区）	马景泓、王梦雅、黄晓梅	一等奖	中国工业与应用数学学会	2017年11月	国家级
47	2017全国大学生数学建模竞赛（黑龙江赛区）	张昭、黄琳元、杨婷	二等奖	中国工业与应用数学学会	2017年11月	省级
48	2017全国大学生数学建模竞赛（黑龙江赛区）	李金成、唐垒、赵若轩	二等奖	黑龙江省教育厅、中国工业与应用数学学会	2017年11月	省级
49	2017"外研社杯"全国英语阅读大赛（黑龙江赛区）	施洪兴	二等奖	教育部高等学校大学外语教学指导委员会、教育部专业教学指导分委员会英语专业教学指导分委员会、黑龙江省教育厅高等教育处	2017年11月	省级
50	2017"外研社杯"全国英语写作大赛（黑龙江赛区）	刘佳旭	三等奖	教育部高等学校大学外语教学指导委员会、教育部专业教学指导分委员会英语专业教学指导分委员会、黑龙江省教育厅高等教育处	2017年11月	省级

续表

序号	奖项	获奖学生	获奖名次	授予单位	获奖时间	获奖级别
51	2017全国大学生数学建模竞赛（黑龙江赛区）	陈良财、梁朝阳、黄志伟	二等奖	黑龙江省教育厅、中国工业与应用数学学会	2017年11月	省级
52	2017全国大学生数学建模竞赛（黑龙江赛区）	穆星辰、李红洋、周子玉	三等奖	黑龙江省教育厅、中国工业与应用数学学会	2017年11月	省级
53	第九届黑龙江省优秀教育电视节目	李泽群、吕铮、孙思佳	一等奖	黑龙江省教育厅、黑龙江省电视教育协会	2017年11月	省级
54	第十届全国大学生网络商务创新应用大赛（PPT展示类）	白宇、李经天、田园、郭玉芳、李承明	特等奖	黑龙江省教育厅高教处、全国大学生网络商务创新应用大赛组委会	2017年12月	国家级
55	第18届黑龙江省雪雕比赛	朱子威、宋明航	一等奖	黑龙江省教育厅哈尔滨太阳岛国际雪雕艺术博览会组委会	2017年12月	省级
56	第18届黑龙江省雪雕比赛	董志强	三等奖	黑龙江省教育厅哈尔滨太阳岛国际雪雕艺术博览会组委会	2017年12月	省级
57	2017中国哈尔滨国际大学生冰雕雪雕全媒体大赛	崔健康、魏未、杨博帆、姜林杉	优胜奖	中国哈尔滨国际大学生冰雕雪雕全媒体大赛组委会、黑龙江省文学艺术界联合会、黑龙江省电视艺术家协会	2017年12月	国际级
58	第24届全国雪雕比赛	朱子威、宋明航	优秀作品奖	哈尔滨太阳岛国际雪雕艺术博览会组委会	2017年12月	国家级

续表

序号	奖项	获奖学生	获奖名次	授予单位	获奖时间	获奖级别
59	2018年美国大学生数学建模竞赛	张昭、邹海平、黄琳元	二等奖	美国数学及其应用联合会	2018年4月	国际级
60	第九届"蓝桥杯"全国软件与信息技术专业人才大赛（黑龙江赛区）	徐亚婷	一等奖	工业信息化部人才交流中心	2018年4月	省级
61	第九届"蓝桥杯"全国软件与信息技术专业人才大赛（黑龙江赛区）	兰雪	二等奖	工业信息化部人才交流中心	2018年4月	省级
62	第九届"蓝桥杯"全国软件与信息技术专业人才大赛（黑龙江赛区）	付雪强	三等奖	工业信息化部人才交流中心	2018年4月	省级
63	全国高校企业价值创造实战竞赛（黑龙江赛区）	于峻祥、吴雪霞、王静、刘睿	三等奖	黑龙江省教育厅高等教育处	2018年4月	省级
64	第九届"蓝桥杯"全国软件与信息技术人才大赛团队赛全国选拔赛	郝塾、杜双武、陈峰	三等奖	工业信息化部人才交流中心	2018年4月	省级
65	第九届"蓝桥杯"全国软件大赛软件用户体验设计选拔赛	杨利龙	三等奖	工业信息化部人才交流中心	2018年4月	省级
66	第十二届东北地区大学生程序设计竞赛	石蕴金、罗鸣、徐亚婷	优胜奖	黑龙江省、辽宁省、吉林省、内蒙古自治区计算机学会	2018年5月	地区级

续表

序号	奖项	获奖学生	获奖名次	授予单位	获奖时间	获奖级别
67	第九届"蓝桥杯"全国软件与信息技术人才大赛全国总决赛	罗鸣	优秀奖	工业信息化部人才交流中心	2018年5月	国家级
68	2018"新道杯"黑龙江省大学生创业经营模拟大赛	耿斯文、盛凯玉、谈永仁、肖培新、张宇	一等奖	黑龙江省普通高等学校创新创业教育指导委员会,新道科技股份有限公司	2018年5月	省级
69	第十二届全国大学生结构设计竞赛黑龙江分区赛	王梦雅、朱梦康、延艾静	三等奖	黑龙江省教育厅	2018年5月	省级
70	2018年东北三省数学建模联赛	程大兴、李佳欣、张远方	一等奖	东北三省数学建模组委会	2018年6月	地区级
71	2018年东北三省数学建模联赛	李君豪、刘楠、魏紫茹	二等奖	东北三省数学建模组委会	2018年6月	地区级
72	第十届黑龙江省"龙江杯"大学生先进成图技术与产品信息建模创新大赛	刘子辰	三等奖	黑龙江省工程图学学会,黑龙江省普通高等学校创新创业教育指导委员会	2018年6月	省级
73	第十届黑龙江省"龙江杯"大学生先进成图技术与产品信息建模创新大赛	王槐夫、刘子辰、张胜鹏、宋以贤、肖冬雪	三等奖	黑龙江省工程图学学会,黑龙江省普通高等学校创新创业教育指导委员会	2018年6月	省级
74	首届全国大学生创新体验竞赛	陈嘉函	三等奖	中国创造学会,全国大学生创新体验竞赛组委会	2018年6月	国家级

续表

序号	奖项	获奖学生	获奖名次	授予单位	获奖时间	获奖级别
75	首届全国大学生创新体验竞赛	王爽,陈雪梅	三等奖	中国创造学会,全国大学生创新体验竞赛组委会	2018年6月	国家级
76	第十二届"毕昇杯"全国电子创新设计竞赛	高越,徐龙江,王权,王可欣	特等奖	"毕昇杯"全国电子创新竞赛组委会,北京精仪达盛科技有限公司	2018年6月	国家级
77	第十二届"毕昇杯"全国电子创新设计竞赛	吴开行,王峥,田新颂,胡继洎	二等奖	"毕昇杯"全国电子创新竞赛组委会,北京精仪达盛科技有限公司	2018年6月	国家级
78	第十二届"毕昇杯"全国电子创新设计竞赛	陈重,李昂霖,郎子文,陈旭	三等奖	"毕昇杯"全国电子创新竞赛组委会,北京精仪达盛科技有限公司	2018年6月	国家级
79	第十二届"毕昇杯"全国电子创新设计竞赛	王宇,邓骄,苗琦,沈云博	三等奖	"毕昇杯"全国电子创新竞赛组委会,北京精仪达盛科技有限公司	2018年6月	国家级
80	第十二届"毕昇杯"全国电子创新设计竞赛	王玉,周勇成	三等奖	"毕昇杯"全国电子创新竞赛组委会,北京精仪达盛科技有限公司	2018年6月	国家级
81	第二届黑龙江省服装高等院校优秀毕业作品评选	许仕林	一等奖	黑龙江省艺术设计协会,黑龙江省艺术设计协会纺织分会	2018年6月	省级
82	第二届黑龙江省服装高等院校优秀毕业作品评选	钟露	一等奖	黑龙江省艺术设计协会,黑龙江省艺术设计协会纺织分会	2018年6月	省级

续表

序号	奖项	获奖学生	获奖名次	授予单位	获奖时间	获奖级别
83	"中华会计网校杯"第八届全国校园财会大赛省赛	刘琳琳、王亮月、于峻祥	二等奖	黑龙江省教育厅高等教育处	2018年7月	省级
84	第五届"台达杯"高校自动化设计大赛	宋超越、曲长建、董晓磊	一等奖	教育部高等学校自动化类专业教育指导委员会,中国自动化学会,工业与信息化职业教育教学指导委员会自动化专业指导委员会	2018年7月	亚洲地区
85	第十三届全国大学生"恩智浦"杯智能汽车竞赛	武庆、王心孟、魏晓东	二等奖	教育部高等学校自动化类专业教学指导委员会,恩智浦(中国)管理有限公司	2018年7月	地区级
86	2018"赛佰特杯"全国大学生智能互联创新应用设计大赛	刘成龙、张志辉、张伟达	二等奖	教育部高等学校计算机类专业教学指导委员会,全国高等学校计算机教育研究会,中国电子协会	2018年8月	国家级
87	2018"赛佰特杯"全国大学生智能互联创新应用设计大赛(东北区)	王脉超、时铭阳、赵洋	一等奖	教育部高等学校计算机类专业教学指导委员会,全国高等学校计算机教育研究会,中国电子协会	2018年8月	地区级
88	2018"赛佰特杯"全国大学生智能互联创新应用设计大赛(东北区)	储雪丽、叶雨菲、滕明月	二等奖	教育部高等学校计算机类专业教学指导委员会,全国高等学校计算机教育研究会,中国电子协会	2018年8月	地区级

续表

序号	奖项	获奖学生	获奖名次	授予单位	获奖时间	获奖级别
89	2018"赛佰特杯"全国大学生智能互联创新应用设计大赛（东北赛区）	赵锋、石林、张凤宇	三等奖	教育部高等学校计算机类专业教学指导委员会、全国高等学校计算机教育研究会、中国电子协会	2018年8月	地区级
90	2018第十届全国大学生广告艺术大赛	孟月	三等奖	中国高等教育学会、全国大学生广告艺术大赛组委会	2018年9月	国家级
91	2018第十届全国大学生广告艺术大赛	朱洪侠	三等奖	中国高等教育学会、全国大学生广告艺术大赛组委会	2018年9月	国家级
92	黑龙江省大学生广告创新设计大赛	崔趣	一等奖	黑龙江省教育厅	2018年9月	省级
93	黑龙江省大学生广告创新设计大赛	景丽	一等奖	黑龙江省教育厅	2018年9月	省级
94	黑龙江省第六届高校播音主持新人选拔赛	唐佳雯	冠军	黑龙江省文学艺术界联合会、黑龙江省电视艺术家协会	2018年9月	省级
95	第十四届中国长春电影节电影海报设计大赛	谢智文	三等奖	第十四届中国长春电影节组委会	2018年9月	国家级
96	第三届彩格杯黑龙江省大学生工业设计大赛	肖冬雪、韦金城	三等奖	黑龙江省普通高等学校创新创业教育指导委员会	2018年10月	省级
97	第34届ACM国际大学生程序设计竞赛亚洲区域赛（沈阳）	罗峥、谭浩文、刘伟	优胜奖	ACM-ICPC亚洲区组委会	2018年10月	国际级

续表

序号	奖项	获奖学生	获奖名次	授予单位	获奖时间	获奖级别
98	全国三维数字化创新设计大赛黑龙江赛区	张秀海、窦彬、戴逸凡、王鑫、盛东双	二等奖	全国三维数字化创新设计大赛组委会、国家制造业信息化培训中心、中国图学学会、光华设计发展基金、全国3D技术推广服务与教育培训联盟	2018年10月	省级
99	全国三维数字化创新设计大赛黑龙江赛区	窦彬、高太然、张可欣、吴卓仓、王一品	三等奖	全国三维数字化创新设计大赛组委会、国家制造业信息化培训中心、中国图学学会、光华设计发展基金、全国3D技术推广服务与教育培训联盟	2018年10月	省级
100	第七届TRCC全国机器人创意设计大赛北方区域赛	付宇、庄禹、金坤、秦伟鑫	一等奖	黑龙江省住房和城乡建设厅、黑龙江省教育厅、黑龙江省科学技术协会、TRCC全国机器人创意设计大赛组委会	2018年11月	省级
101	2018高教社杯全国大学生数学建模竞赛（黑龙江省赛区）	张宗奕、楚莉娜、陈重先	一等奖	中国工业与应用数学学会、黑龙江省教育厅	2018年11月	省级
102	第十届全国大学生数学竞赛	汪文龙	一等奖	中国数学会普及工作委员会	2018年11月	国家级
103	第十届全国大学生数学竞赛	魏景志	一等奖	中国数学会普及工作委员会	2018年11月	国家级
104	2018"外研社杯"全国英语写作大赛黑龙江省赛区复赛	裴志勍	三等奖	黑龙江省普通高等学校创新创业教育指导委员会、"外研社杯"全国英语写作大赛组委会	2018年11月	省级

续表

序号	奖项	获奖学生	获奖名次	授予单位	获奖时间	获奖级别
105	第十二届"新道杯"黑龙江省大学生会计信息化技能大赛	马田野,王金月,温惜茹,赵盈莉	三等奖	黑龙江省普通高等学校创新创业教育指导委员会,新道科技股份公司	2018年11月	省级
106	第二届全国竞技机器人邀请赛	刘显达,庄禹,薛远东,王姝睿,付宇	一等奖	黑龙江省体育局,黑龙江省科学技术协会,共青团黑龙江省委员会,哈尔滨工业大学	2018年12月	国家级
107	2018年第二届全国竞技机器人邀请赛——智能冰雪艺术创作赛	张梦玑,李港,胡远彤,李年庆	三等奖	黑龙江省体育局,黑龙江省科学技术协会,共青团黑龙江省委员会,哈尔滨工业大学	2018年12月	国家级
108	第25届全国雪雕比赛	张梦玑,马庆雨,程赘	优秀奖	哈尔滨太阳岛国际雪雕艺术博览组织委员会	2018年12月	国家级
109	第二届"国青杯"全国高校艺术与设计作品展评	付佳,任紫盈,张琪	一等奖	中国人生科学学会艺术与设计教育分会	2018年12月	国家级
110	第二届"国青杯"全国高校艺术与设计作品展评	翟栩	一等奖	中国人生科学学会艺术与设计教育分会	2018年12月	国家级
111	第十九届黑龙江省雪雕比赛	马庆雨,李金炜	一等奖	哈尔滨太阳岛国际雪雕艺术博览组织委员会	2018年12月	省级

续表

序号	奖项	获奖学生	获奖名次	授予单位	获奖时间	获奖级别
112	第十七届上海国际大学生广告节	张淼	二等奖	上海国际大学生广告节组委会	2018年12月	国际级
113	第十七届上海国际大学生广告节	张文	三等奖	上海国际大学生广告节组委会	2018年12月	国际级
114	第十三届全国大学生冰雕艺术设计创作大赛	孙建华、姚朋杰、张梦钒	铜奖	中国G7创意设计联盟、中国哈尔滨国际冰雪节组织委员会、黑龙江省艺术设计协会、哈尔滨冰灯艺术博览中心	2018年12月	国家级
115	第十三届全国大学生冰雕艺术设计创作大赛	朱子威	银奖	中国G7创意设计联盟、中国哈尔滨国际冰雪节组织委员会、黑龙江省艺术设计协会、哈尔滨冰灯艺术博览中心	2018年12月	国家级
116	黑龙江省第十六届大学生冰雕艺术创新设计大赛	董志强、姚朋杰、邵文强、樊靖宇、鲍旭丰、穆春华、汝艺	一等奖	黑龙江省教育厅	2018年12月	省级
117	黑龙江省高校冰灯冰雕艺术创作比赛	刘佳奇、钱佳茜	最佳创意奖	黑龙江省教育厅	2019年1月	省级
118	第八届中国哈尔滨国际组冰雕比赛	董志强	优秀奖	中国哈尔滨国际组冰雕组委会	2019年1月	国际级
119	第十届"蓝桥杯"全国软件和信息技术专业人才大赛(黑龙江赛区)	陈钱	一等奖	工业和信息化部人才交流中心、"蓝桥杯"全国软件和信息技术专业人才大赛组委会	2019年3月	省级

续表

序号	奖项	获奖学生	获奖名次	授予单位	获奖时间	获奖级别
120	第十届"蓝桥杯"全国软件和信息技术专业人才大赛（黑龙江赛区）	郭迎秋	二等奖	工业和信息化部人才交流中心，"蓝桥杯"全国软件和信息技术专业人才大赛组委会	2019年3月	省级
121	第十届"蓝桥杯"全国软件和信息技术专业人才大赛（黑龙江赛区）	程超然	三等奖	工业和信息化部人才交流中心，"蓝桥杯"全国软件和信息技术专业人才大赛组委会	2019年3月	省级
122	第十届(2019)全国高等院校企业竞争模拟大赛	王麒、冯斯琪、梁玉	三等奖	中国管理现代化研究会决策模拟专业委员会	2019年4月	国家级
123	第十届"蓝桥杯"全国软件和信息技术专业人才大赛	黄华海	三等奖	工业和信息化部人才交流中心	2019年5月	国家级
124	第十届"蓝桥杯"全国软件和信息技术专业人才大赛	付桂龙	优秀奖	工业和信息化部人才交流中心	2019年5月	国家级
125	第十届"蓝桥杯"全国软件和信息技术专业人才大赛	刘士明	优秀奖	工业和信息化部人才交流中心	2019年5月	国家级
126	首届国际青年人工智能大赛	薛远东、刘静、贾立超	金奖	共青团黑龙江省委员会，黑龙江省教育厅，国际青年人工智能大赛组委会	2019年5月	国际级
127	首届国际青年人工智能大赛	刘显达、宋欣斯、吕兵	二等奖	共青团黑龙江省委员会，黑龙江省教育厅，国际青年人工智能大赛组委会	2019年5月	国际级

续表

序号	奖项	获奖学生	获奖名次	授予单位	获奖时间	获奖级别
128	首届国际青年人工智能大赛	庄禹、薛远东、韩东东	二等奖	共青团黑龙江省委教育厅,国际青年人工智能大赛组委会	2019年5月	国际级
129	首届国际青年人工智能大赛	高乐、于鑫	三等奖	共青团黑龙江省委教育厅,国际青年人工智能大赛组委会	2019年5月	国际级
130	第十四届黑龙江省大学生程序设计竞赛	冯乾飞、季国飞、张贺龙	优胜奖	黑龙江省计算机学会	2019年5月	省级
131	第十四届黑龙江省大学生程序设计竞赛	刘士明、申鑫、黄泽丹	优胜奖	黑龙江省计算机学会	2019年5月	省级
132	2019 龙江高校原创服装设计联展	何世玉	最具商业价值奖	黑龙江服装鞋帽行业协会,哈尔滨西城红场,哈尔滨时装周	2019年5月	省级
133	2019 龙江高校原创服装设计联展	兰爽	最具商业价值奖	黑龙江服装鞋帽行业协会,哈尔滨西城红场,哈尔滨时装周	2019年5月	省级
134	第四届全国大学生人力资源管理知识技能竞赛第四大区赛	吕虹、朱梦苑、王宁、焦帅博	一等奖	中国人力资源开发研究会	2019年5月	地区级
135	2019 年东北三省数学建模竞赛	程大兴、张远方、李佳欣	一等奖	东北三省数学建模联赛组委会	2019年6月	地区级
136	2019 年东北三省数学建模竞赛	常晓琪、徐天宇、陈竹伟	二等奖	东北三省数学建模联赛组委会	2019年6月	地区级

续表

序号	奖项	获奖学生	获奖名次	授予单位	获奖时间	获奖级别
137	二十八届时报金犊奖	李鑫	三等奖	中国商务广告协会创新推动委员会	2019年6月	国际级
138	国青杯第三届艺术设计大赛	董翱翔	一等奖	中国人生科学学会艺术与设计教育分会,国青杯第三届艺术与设计大赛组委会	2019年6月	国家级
139	国青杯第三届艺术设计大赛	孙振轩	一等奖	中国人生科学学会艺术与设计教育分会,国青杯第三届艺术与设计大赛组委会	2019年6月	国家级
140	国青杯第三届艺术设计大赛	汪浩洋	一等奖	中国人生科学学会艺术与设计教育分会,国青杯第三届艺术与设计大赛组委会	2019年6月	国家级
141	国青杯第三届艺术设计大赛	吴田	一等奖	中国人生科学学会艺术与设计教育分会,国青杯第三届艺术与设计大赛组委会	2019年6月	国家级
142	国青杯第三届艺术设计大赛	臧家瑶	一等奖	中国人生科学学会艺术与设计教育分会,国青杯第三届艺术与设计大赛组委会	2019年6月	国家级
143	国青杯第三届艺术设计大赛	翟栩	一等奖	中国人生科学学会艺术与设计教育分会,国青杯第三届艺术与设计大赛组委会	2019年6月	国家级

续表

序号	奖项	获奖学生	获奖名次	授予单位	获奖时间	获奖级别
144	国青杯第三届艺术设计大赛	张森	一等奖	中国人生科学学会艺术与设计教育分会,国青杯第三届艺术设计大赛组委会	2019年6月	国家级
145	国青杯第三届艺术设计大赛	张智慧	一等奖	中国人生科学学会艺术与设计教育分会,国青杯第三届艺术设计大赛组委会	2019年6月	国家级
146	第十一届黑龙江省"龙江杯"大学生先进图技术与产品信息建模创新大赛尺规绘图	姜坤	一等奖	黑龙江省普通高等学校创新创业教育指导委员会,黑龙江省工程图学学会	2019年6月	省级
147	第十一届黑龙江省"龙江杯"大学生先进图技术与产品信息建模创新大赛尺规绘图	霍星志	二等奖	黑龙江省普通高等学校创新创业教育指导委员会,黑龙江省工程图学学会	2019年6月	省级
148	第十一届黑龙江省"龙江杯"大学生先进图技术与产品信息建模创新大赛尺规绘图	张博伦	三等奖	黑龙江省普通高等学校创新创业教育指导委员会,黑龙江省工程图学学会	2019年6月	省级
149	第十三届"毕昇杯"全国电子创新设计竞赛	高越、徐龙江、王权、潘杰、刘铭轩	一等奖	"毕昇杯"全国电子创新设计竞赛组委会	2019年6月	国家级
150	第十三届"毕昇杯"全国电子创新设计竞赛	辛雨、张玉欣、杨智宇、王旭、高志远	二等奖	毕昇杯全国电子创新设计竞赛组委会	2019年6月	国家级

第二篇　科技成果篇

39

续表

序号	奖项	获奖学生	获奖名次	授予单位	获奖时间	获奖级别
151	第十三届"毕昇杯"全国电子创新设计竞赛	薛远东、刘显达、庄禹、辛雨、宋欣茹	二等奖	"毕昇杯"全国电子创新设计竞赛组委会	2019年6月	国家级
152	第二届黑龙江省大学生企业运营虚拟仿真大赛	李婧文、朱小远、邓梅、陈明星	二等奖	共青团黑龙江省委员会、黑龙江省教育厅	2019年6月	省级
153	第六届"台达杯"高校自动化设计大赛	张冬冬、黄柏岩、李鑫	二等奖	教育部高等学校自动化类专业教育指导委员会、中国自动化教育学会、工业与信息化职业教育教学指导委员会、自动化专业指导委员会	2019年7月	国际级
154	2019年全国大学生嵌入式芯片与系统设计竞赛暨第四届全国大学生智能互联创新大赛（北部赛区）	王溯存、李赫喆、尤超	二等奖	教育部高等学校电子信息类专业教学指导委员会、中国电子教育学会	2019年10月	地区级
155	2019年全国大学生嵌入式芯片与系统设计竞赛暨第四届全国大学生智能互联创新大赛（北部赛区）	耿瑶、魏紫茹、杨越	二等奖	教育部高等学校电子信息类专业教学指导委员会、中国电子教育学会	2019年10月	地区级

第三篇 实践创新篇

华德学院的定位是以工科为主,经、管、文等学科相结合的应用型本科院校,担负着培养高级应用型人才的任务。比起研究型大学、教学研究型大学的学生,应用型院校的学生的实践动手能力显得尤为重要。华德学院十分重视对学生实践动手能力及科技创新能力的培养。自2003年成立独立学院以来,学院每年都要投入百余万元经费支持学生参加各类文体、技能竞赛,提供了163间创新实验室帮助学生进行参赛训练,为全院学生的实践活动提供保障,为学生科技创新活动的开展提供了必备的前提条件。近几年来,华德学院涌现了一批动手动脑实践能力较强的学生和团队,如机电与汽车工程学院的"零点实验室"、数据科学与人工智能学院的"ACM – ICPC 项目组"、电子与信息工程学院的"学生创新实验室"、机器人工程学院的"机器人科创协会"、经济管理学院的"ERP 社团"、建筑与土木工程学院的"摩天阁建筑协会"、服装学院的"华德霓裳 – 梦故事模特队"、艺术与传媒学院的"华德雪艺社团"、数理教研部的"数学建模竞赛"、体育教研部的"羽毛球队"和"英式橄榄球队"等。他们在参加省级以上各类科技竞赛中获得奖项 1 000 余项(截至 2019 年 12 月),不仅为学院争得了荣誉,而且也大大地激励了学生奋发向上的进取精神。1 000 余项奖项,来之不易。除了学院提供的必备条件和教师的精心指导外,这一切与团队的协作、学生的积极进取和努力拼搏是密不可分的。

从零点开始,奋斗到零点

——机电与汽车工程学院"零点实验室"

机电与汽车工程学院零点实验室(原汽车工程系智能车兴趣小组)于2008年5月成立,同年11月正式更名为"零点实验室",寓意实验室成员"从零点开始,奋斗到零点"的锐意进取精神。零点实验室自成立以来,在资金、场地、设备等方面都得到了学校的大力支持,实验室配备专业技能指导教师,帮助学生解决实际操作过程中遇到的技术问题。零点实验室现有成员40余人,主要从事机械技术、智能控制方面知识和技能的学习研究,致力于提升专业技能水平和科技创新能力。零点实验室拥有科学的指导方法、明确的规章制度、鲜明的学习目标和严格的人才选拔制度,注重实践研究,强调实验室成员自学能力及创新思维的养成,始终遵循学校"三尖人才"的培养目标,激发学生科技创新的热情。成立十余年来,零点实验室成员多次代表学校参加省市、国家级比赛,制作作品200余件,先后获奖80余项、实用新型专利5项,并涌现出以司乾、周泽翔为代表的黑龙江省年度大学生人物道德模范、中国大学生自强之星提名奖等众多优秀学子。

主要作品:汽车智能自动换挡控制系统一部、履带车两部、智能循迹小车多部、油动高速竞技车模一辆、卡丁车多辆、模拟汽车升降机一个、自制垂直钻台一个、多种智能系统以及成熟的印刷电路板加工工艺品等。

发生在身边的故事

主要奖项:"毕昇杯"全国电子创新设计及物联网应用系统设计竞赛特等奖(大赛唯一特等奖,奖金1万元)、"毕昇杯"全国电子创新设计竞赛一等奖、全国大学生创新体验竞赛一等奖、第三届中华职业教育创新创业大赛二等奖、"建行杯"第五届黑龙江省"互联网+"大学生创新创业大赛二等奖、"哈尔滨新区杯"高校双创应用技能大赛二等奖(为学校赢取支持双创建设的20万资金)等。

第三篇　实践创新篇

"零点实验室"成为华德创造的又一特色品牌,更成为学校打造"新时代工匠"的摇篮。曾担任零点实验室负责人的机电与汽车工程学院车辆工程专业2019届毕业生周泽翔表示,他加入"零点实验室"是幸运的,他收获了知识、友情,更学会了如何独立面对困境,如何带领和协调好一个团队。"零点"是一种精神,在深入接触专业知识之后,他明白了这种精神的内涵,在不断的学习与实践过程中,他脚踏实地从书本中汲取知识,在实践中锻炼动手能力,由他主持发明的"压铸机防泄漏密封组件"装置、"智能跟踪购物车"两项科技作品获得国家实用新型专利。

45

发生在身边的故事

2016年10月12日，黑龙江省"大众创业、万众创新"活动周中，周泽翔同学代表学校为黑龙江省郝会龙副省长、孙东生副省长、胡亚枫副省长做优秀作品讲解。2017年6月8日，在第十五届工银e联"挑战杯"黑龙江省大学生课外学术科技作品竞赛中，周泽翔同学为孙东生副省长做作品介绍，并在该项赛事中获得三等奖佳绩。周泽翔同学还曾荣获国家奖学金、新东方自强奖学金、中国大学生自强之星提名奖、2018年"中国电信奖学金·飞Young奖"等荣誉。他作为实验室负责人指导30余名同学在省市、国家级科技类比赛获奖，其个人事迹入选2017年黑龙江省国家奖学金获奖学生风采录。

零点实验室在为华德学子搭建实践平台的过程中,其"从零点开始,奋斗到零点"的精神激励着一届又一届华德人,并在每个人心中留下了深深的烙印。它鼓励华德学子踏实走好人生的每一步,积蓄能量为实现中华民族伟大复兴的中国梦而不懈奋斗。

立志欲坚不欲锐,成功在久不在速

——数据科学与人工智能学院"ACM-ICPC项目组"

ACM 国际大学生程序设计竞赛(ACM International Collegiate Programming Contest,ACM-ICPC)是一个多层次、团队式的编程比赛,通过构建软件程序,培养学生的创造力、团队协作能力和创新能力,同时也检测学生在压力之下的执行能力。赛事由美国计算机协会(ACM)资助,吸引了全球范围的众多高等学府,通过在各大洲区域竞赛的比拼,杰出队伍晋级参加全球总决赛。ACM-ICPC 起步于 20 世纪 70 年代,是全球历史悠久、规模最大、最具权威性的程序设计竞赛。当前每年的参与者达到十几万人,遍布世界近百个国家和地区的 2 000 多所大学。1996 年,ACM-ICPC 年由上海大学引入中国大陆,目前已发展成为国内最具影响力的大学生计算机竞赛。2015 年,由五次摘得 ACM-ICPC 全球总决赛金牌(其中三次为冠军)的上海交通大学 ACM 团队总负责人俞勇教授牵头,清华大学、北京大学、浙江大学等高校有关教师共同发起举办了中国大

发生在身边的故事

学生程序设计竞赛(Chinese Collegiate Programming Contest, CCPC)，这是中国自主的、高水平的、并向世界大学生开放的展示大学生程序设计能力、创新能力以及团队合作精神的一项国际性年度赛事，竞赛形式与 ACM–ICPC 基本一致。

华德学院师生于 2008 年首次参加 ACM–ICPC 黑龙江省级赛，2011 年正式成立 ACM–ICPC 项目组，接受训练和参加比赛的学生超过 500 人次，现隶属于数据科学与人工智能学院。华德学院在 2010 年先后承办了 ACM–ICPC 中国东北地区赛和亚洲区域赛哈尔滨站现场赛。2016 年、2017 年华德 ACM–ICPC 项目组在省、地区赛事中获得三等奖以及优胜奖若干，在同类院校中遥遥领先。2017 年，在学校的大力支持之下，ACM–ICPC 项目组得以成功开辟新的竞赛项目——中国高校计算机大赛(Chinese College Computer Contest, CCCC)。该竞赛下设四类竞赛，其中团体程序设计天梯赛面向计算机学科专业基础，以算法分析和程序设计能力为核心，侧重参赛者创新能力和团体协作能力，由此反映高校计算机专业的教育水平，每支参赛队伍由 10 名学生组成，每所高校可派 3 支队伍。2017 年 3 月在吉林大学承办的第二届 CCCC 团体程序设计天梯赛大区赛中，华德学院获得大区团队三等奖和黑龙江省亚军的荣誉，再次激励了所有脚踏实地、不断追求卓越的华德学子。

第三篇　实践创新篇

　　ACM－ICPC 项目组为进一步营造良好的学习环境,为更多学生课外创新学习提供自由开放的场所,2019 年初由第六教学楼 603 室(24 个机位)迁至 609 室,面积 80 平方米,可容纳 40 个机位;在历年秋季招新期,合并使用 604 室,总容量达 100 个机位,高清投影设备、图书资料柜(架)齐全,为学生的个性化培养和多样化发展提供了充足的物质条件。ACM－ICPC 项目组每年从一年级吸纳对信息技术有浓厚兴趣和一定专长的学生进行专项训练,训练内容覆盖本专业核心知识与技能,同时特别注意以问题调动学生的主动性和创造性,激发学生的创新意识;经过一年左右的时间,参训学生除了具备较强的计算机编程技术能力,也养成了良好的创新思维,并通过积极参加各级各类学科竞赛进一步磨炼抗压能力、团队协作能力;升至三年级后,项目组的学生能够自主进行小型项目的创意和实现,或协助教师进行软件项目建设,创新实践能力得到全面的提升。

ACM-ICPC项目组以ACM国际大学生程序设计竞赛(ACM-ICPC)、中国大学生程序设计竞赛(CCPC)等专业类高水平竞赛为驱动,以赛促教、以赛促学。自成立以来,华德学院师生已连续12年参加ACM-ICPC和CCPC各层次比赛,ACM-ICPC项目组中接受训练和参加比赛的学生超过400人次,获得省级(含)以上奖项335人次,在省内同类高校中处于领先位置。通过以竞赛为驱动的个性化训练,学生的专业技能和综合素质均得到了显著提高,在就业求职中展现出极大的优势,已有数十人就职于北京、上海、杭州、大连等地的国内外知名IT企业,待遇优厚,职业发展顺利。

历年新吸纳学生数和参赛获奖情况

年份/年	秋季招新人数/人	当年度参赛获奖数				获奖人次
		省	地区	国家	洲	
2008	26	4	1			15
2009	38	4	1		1	18
2010	14	4	4		2	30
2011	33	6	1	1	2	30
2012	28	5	2	1	1	27
2013	42	3	1		1	15
2014	17	5	1		2	24
2015	30	3	3	1	1	24
2016	22	7	3	1		33
2017	36	5	3+1	1		37
2018	35	5	2	2+1	1	40
2019	42	3+1+13	2	1+1+1		42
合计	363	67	25	11	11	335

历年举办校内赛情况

年份/年	届次	形式	参赛人数/人	获奖人数/人
2009	1	个人赛	40	18
2010	2	个人赛	67	38
2011	3	组队赛	60	36
2012	4	组队赛	34	18
2013	5	组队赛	65	30
2014	6	组队赛	82	37

续表

年份/年	届次	形式	参赛人数/人	获奖人数/人
2015	7	组队赛	42	28
2016	8	组队赛	69	36
2017	9	个人赛	34	21
2018	10	组队赛	72	55
2019	11	个人赛	174	100
合计			739	417

1. 学生参加比赛照片

2. 优秀队员代表照片

罗峥 2015 级
2018 第十二届东北四省区大学生程序设计竞赛二等奖
2018 第十三届黑龙江省大学生程序设计竞赛二等奖
2018 第三届中国高校计算机大赛团体程序设计天梯赛黑龙江省一等奖
2018 哈尔滨华德学院第十届大学生程序设计竞赛一等奖

徐亚婷 2016 级
2018 第十三届黑龙江省大学生程序设计竞赛三等奖
2018 第三届中国高校计算机大赛团体程序设计天梯赛黑龙江省一等奖
2018 第九届"蓝桥杯"全国软件和信息技术专业人才大赛 B 组黑龙江省一等奖
2018 第九届"蓝桥杯"全国软件和信息技术专业人才大赛 B 组全国三等奖
2018 哈尔滨华德学院第十届大学生程序设计竞赛一等奖

发生在身边的故事

孙文博 2017 级
2018 第三届中国高校计算机大赛团体程序设计天梯赛黑龙江省一等奖
2018 第十三届黑龙江省大学生程序设计竞赛优胜奖
2018 哈尔滨华德学院第十届大学生程序设计竞赛二等奖

顾德库校长题诗一首：

闻计算机系喜报作

顾德库

寰球顺畅 E 网玄，计算机系捷报传。
早闻师生同夺冠，亦曾亚太高峰攀。
软件成名惊世殊，学子后来不怕难。
若得胸怀效国志，华德育优敢领先。

二〇一〇年五月十七日中午

博观而约取，厚积而薄发

——电子与信息工程学院"学生创新实验室"

在华德学院有这样一个地方：这里主张"四个一"原则，即创建一个平台、营造一种氛围、探索一条途径、取得一系列成果；这里秉承学院的"十六字方针"，开拓创新，求真务实，敬业乐群，高效一流，发扬着"热爱科学、锐意创新、竭诚合作、拼搏进取"的"308"创新精神；这里硕果累累，人才辈出；这里就是热爱创新、敢于探索的学生组织——电与信息工程学院"学生创新实验室"。

学生创新实验室成立于 2008 年 3 月,拥有飞思卡尔单片机、430 单片机、51 单片机、STM32 单片机等开发平台,0~30 V 直流稳压电源等实验设备,50 MHz 示波器、低频信号源等测试仪器。学生创新实验室分为比赛测试区、焊接与调试区、腐蚀电路板区和展览区 4 个区域,以"理论设计 + 实际操作"为路径,以各个单片机开发平台为核心进行设计并开发电路,参与了多项智能控制、电源、通信等类型的比赛及相关项目的研发,使学生掌握了从电子产品方案选择、单元电路设计、电路的焊接和调试到产品实现的各个环节。

学生创新实验室现有专业指导教师 10 余人,实验室成员 100 余人。学生创新实验室的宗旨是培养学生综合素质,提高学生科技实践能力,发挥学生内在潜力,增强学生的自身竞争力,培养一定数量的具有创新意识并具有较强动手能力的高素质人才,即高技能创新人才。实验室成立十余年,在保障学生课内学习的基础上,实验室成员还多次参加全国大学生电子设计竞赛、"飞思卡尔"杯全国大学生智能车竞赛、科技创新项目、节能减排创新设计竞赛等国家级、省级的各项科技创新项目,荣获国家级、省市级和地区级奖项已达 100 余项。这对于提高华德学院知名度,提升应用型教育品牌,提高学生的就业能力具有非常积极的意义。

发生在身边的故事

主要奖项:全国大学生电子设计竞赛黑龙江赛区一等奖、全国大学生"飞思卡尔"杯智能汽车竞赛东北(五省)赛区一等奖和全国总决赛二等奖、"毕昇杯"全国电子创新设计竞赛全国总决赛一等奖、"蓝桥杯"全国软件和信息技术专业人才大赛二等奖、"大唐杯"全国大学生移动通信应用创新大赛二等奖、TI 杯大学生电子设计竞赛三等奖、"天华杯"全国电子专业人才设计与技能大赛单片机设计与开发组黑龙江赛区一等奖和全国总决赛二等奖、黑龙江省大学生电子设计大赛一等奖等。

实验室创建之初,虽然条件比较艰苦,但也发生了许多感人的故事:为指导学生参加国家、省市级各类比赛,放弃休息时间连续几天陪着成员熬夜进行实验的专业指导老师;不畏严寒、不惧酷暑,废寝忘食甚至发高烧、流鼻血却为了参赛坚持昼夜在实验室工作的成员;为了报答学校、学院、老师们辛勤耕耘的培养恩情,自主踊跃捐款,购置6套实验台的优秀毕业生;为满足实验室成员进行电子设计、制作和调试的要求,亲自参与制作电源、信号源、频率计等基本仪器的实验室成员……热爱科学、锐意创新、竭诚合作、拼搏进取的"S308"创新精神也在学校广为流传。经过多年的努力拼搏,"308"这个简单的代号已经不是数字,而是产生了"华德创造"的品牌效应。

积之于厚,发之于薄。这"薄"是从"厚"中提炼出来的精华,成功的前提条件是勤于积累和精于应用。学生创新实验室教会了学生要在最美好的青春时期多读书、多学习,积蓄力量,经过长时间有准备的积累才会大有可为,大有作为。

顾德库校长题诗一首:

赞 S308 室精神

顾德库

研习创意任遨游,电子空间岂一球。
暑酷蚊叮等闲事,病魔饥困无暇休。
胸中自有成才志,雏鹰向天欲何求。
旭日喷薄苍穹阔,华德硕果一望收。

二〇〇九年十月二十四日

应用型工程师的摇篮

——机器人工程学院"机器人科创协会"

当前,"大众创业、万众创新"已经成为我国经济发展的新动力。在这样的时代背景下,华德学院顺应时代潮流,抓住时代机遇,为学生提供全方位、多角度、不同层次的创新创业实践锻炼机会,不断提高学生的创新精神、创业意识和创新创业能力。

发生在身边的故事

机器人工程学院始终秉承创新育人理念，关注科技发展前沿，紧跟技术创新脚步，鼓励学生积极参与科研、各种学科竞赛活动，支持学生创新创业训练，强化实践育人环节。为丰富科创校园文化，培养专业技能人才，机器人工程学院于 2017 年 8 月成立"机器人科创协会"，以学生科技节、全国"挑战杯"科技作品竞赛等为载体，为学校"三个培养"工作中"专业技能"尖子培养搭建平台，服务学校"教赛结合"工作。机器人科创协会以"发展自由、团结共进、积极创新、严格管理"为理念，以"活跃校园科技，培养未来科技人才"为宗旨，让学生有更大的空间去探索、发现、创造，注重对科技创新和技术的追求，培养科创先锋，培育技能"工匠"。

机器人科创协会依托机器人实验室,配备有3个六足仿生蜘蛛机器人、2个四足仿生机器人、4个机械手掌、2个智能排爆机器人、多个六自由度机械臂等。机器人科创协会现有作品智能机械手分拣装置、电磁炮战车、走迷宫机器人、智能家居、仿工业机器人工作站、SCARA机器人等。

机器人科创协会有专业技能指导教师,帮助学生解决实际操作过程中的技术问题,自成立以来连续多年参加"毕昇杯"全国电子创新竞赛、全国大学生机器人竞赛、黑龙江省机器人类专业竞赛均获得优异成绩:

2018年5月31日,黑龙江省第二届大学生机器人及人工智能大赛在佳木斯大学开赛。机器人工程学院派出由指导教师佟巳刚带队、27名学生组成9支代表队参加五组项目的竞技,共获得8个奖项,包括智能家居设计赛项竞赛冠军、智能汽车设计赛项一等奖、工业机器人仿真赛项二等奖、机器人创新设计赛项二等奖、机器人创业项目赛项三等奖等。

发生在身边的故事

2018年10月13日,"邮储银行杯"黑龙江省智能机器人竞赛在哈尔滨工业大学体育馆开幕。机器人工程学院派出由指导教师佟巳刚带队,2017级机器人科创社团学生庄禹、刘显达、金坤、薛远东等10名学生组成的3支参赛队伍,参加了"仿人机器人竞赛""创新设计竞赛""智能家居环境设计"三个项目的竞赛,经过一天的同场竞技,三组参赛队伍均获得二等奖的佳绩。

2018年12月17日,第二届全国竞技机器人邀请赛在哈尔滨工业大学举行,机器人工程学院派出由指导教师佟巳刚带队,机器人科创社团2017级庄禹、2018级秦伟秦等5名学生参加了工业机器人挑战赛赛项竞技,在完成规定动作前提下,现场编程调试并完成了竞赛裁判提出的加分项动作组,勇夺本赛项冠军。这次竞赛从接到通知报名组队到竞赛不足半个月时间,参赛人员克服了时间紧、任务重的困难,以优异的竞赛成绩为这一年度竞赛画上圆满的句号。2018年度机器人科创社团共参加国内及省内竞赛5项,获奖16项。

机器人科创协会注重培养学生的社会责任感、创新精神和实践能力,对于促进学生书本知识和生活经验的深度融合,践行学思结合、知行统一理念具有重要意义。机器人科创协会营造科技创新氛围,启迪科技创新意识,弘扬科技创新精神,提升科技创新能力,为学生提供广阔的创新实践平台和丰富的科研锻炼机会。协会尊重每一位成员的学习方向,使他们有更大的空间去探索、发现、创造,着重培养在自动化领域中的机械工程师、电气工程师、调试机器人工程师、嵌入式开发工程师,是真正的应用型工程师的摇篮。

理论实践相结合,赛场挥洒练雏鹰

——经济管理学院"ERP 社团"

ERP 实验室隶属于经济管理学院,实验室建成于 2008 年,并于 2013 年进行了改造和升级。ERP 实验室面积 140 平方米,配置了 20 套较为齐全的仪器设备、3 套计算机软件操作系统和硬件操作平台,能够满足各专业学生的课内学习及模拟现代企业整体运营的实践需求,培养学生的综合分析能力,提升学生创新意识。ERP 实验室注重践行"将企业搬进课堂"的理念,使学生在校期间就能接触到"真实企业"的管理活动,将理论与实践有机结合,同时,将学生的职业生涯规划与企业人才需求相结合,缩短了毕业生参加工作的心理转变期,旨在培养满足社会需求的应用型专业人才。

第三篇　实践创新篇

经济管理学院遵循"侧重个性培养,全员成才教育"的理念,努力践行"理论与实践相结合"的原则,坚持创新与"走出去"的培养模式,大力鼓励学生参与实践、科技创新活动。ERP实验室为学生的第二课堂、创新创业项目立项研究等提供了良好的实验条件。在学校的大力支持下,经济管理学院依托于ERP实验室成立了ERP社团。从ERP实验室和ERP社团走出的学生,实际动手操作能力强,理论与实践结合紧密,人际沟通和交往能力过硬,深受用人单位欢迎。

ERP赛事指导教师先后带领学生多次参加全国ERP沙盘模拟经营大赛,自2009年第一次参加ERP创业大赛以来,连续取得了优异的成绩:在2009年、2010年第五届、第六届"用友杯"全国大学生ERP创业大赛黑龙江赛区总决赛中连续荣获第二名,并在第六届"用友杯"全国大学生创业设计暨沙盘模拟经营大赛全国总决赛以第五名的成绩喜获全国一等奖。在2011年"用友杯"第七届全国大学生创业设计暨沙盘模拟经营大赛黑龙江省总决赛中再夺全省二等奖和三等奖的好成绩。在2012年第八届全国大学生创业设计暨沙盘模拟经营大赛黑龙江省总决赛中获得团体二等奖。在2013年"用友杯"第九届全国大学生创业设计暨沙盘模拟经营大赛黑龙江省总决赛获得了团体二等奖和三等奖,取得了参加全国赛的资格,并获得了全国赛三等奖的好成绩。在2014年"用友杯"第十届全国大学生创业设计暨沙盘模拟经营大赛黑龙江省总决赛中获得团体一等奖一项、团体二等奖两项,同时又一次获得了参加全国总决赛的机会,并在全国总决赛中获得了团体二等奖。2015年,王振、王泰强等同学荣获第11届ERP沙盘模拟经营大赛黑龙江省赛一等奖。2016年,高雅婷、王泰强等同学荣获第12届ERP沙盘模拟经营大赛黑龙江省赛二等奖。

除参加"用友杯"ERP创业大赛外,社团还参加了其他赛事:在"E路通"杯全国大学生电子商务应用创新大赛中获得了网络营销全国一等奖、网络创新全国二等奖的优异成绩,经济管理学院被授予优秀组织院校奖、组织突出贡献奖和最佳网络创新指导院校奖,是全国院校中为数不多的同时获得三个奖项的院校之一。优异成绩的取得离不开学院领导的高度重视和大力支持,离不开全系老师的精心指导,更离不开全系学生的共同努力和参赛团队的协作拼搏。

　　ERP社团通过积极参加ERP沙盘模拟大赛等创新实践活动,为学生提供了展现自我的实践舞台和与众不同的学习渠道,对营造良好的学习氛围、提升学生的创新创业实践能力起到了积极的作用,是推动大学生学术科技创新,培养具备扎实创新知识、较强创新能力的综合性人才,促进青年学生奋发成才、全面发展的有效途径。

发生在身边的故事

顾德库校长题诗一首：

贺经管系师生省 ERP 沙盘对抗大赛获大奖

顾德库

沙盘演绎竞争锋，不见硝烟炮声隆。

胸怀商海运筹策，赛场挥洒练雏鹰。

曾赴京华登奖台，龙江高校屡称雄。

弱者刚强强本强，独立践行行自行。

二〇一〇年六月十四日

纸上得来终觉浅，绝知此事要躬行

——建筑与土木工程学院"摩天阁建筑学会"

建筑与土木工程学院深入贯彻"侧重个性培养，全员成才教育"的办学理念，十分重视学生实践科技创新活动能力的培养，结合学院自身的专业特点，于 2005 年 3 月创办了专业社团"摩天阁建筑协会"。协会创办以来，从 2008 年春季学期开始举办纸制桥梁模型承载能力设计大赛、承受运动荷载的大跨度桥梁结构模型设计大赛、承受静荷载的桥梁模型设计大赛、结构设计竞赛等多项赛事，均收到良好的效果。"摩天阁建筑协会"开展的一系列比赛旨在培养学生的创新思维和动手能力，通过设计和制作模型解决一系列技术问题。平时书本里学的结构变形、破坏都只是停留在理论层面，而要让学生真正掌握结构设计,做个模型就很直观了。制作的过程可以检验学生理论知识的掌握程度,很好地弥补常规教学欠缺的对学生动手能力的培养,也激发了学生极大的兴趣和参与热情。

摩天阁建筑学会组织的历次大赛均得到了学生的大力支持,且参与人数呈上升趋势,从第一届的114人报名到第三届的295人报名参与。比赛结果也有所突破,第一届纸制桥梁结构模型设计大赛共有8个参赛队伍进入决赛,要求纸桥自重不能超过88

发生在身边的故事

克,经过紧张激烈的比赛,来自"毅之队"以承载力84千克(目前最高纪录是89千克)的优异成绩夺得大赛冠军。第二届大赛在原来的基础上将单一的结构形式变为能够承受运动荷载的桥梁结构模型,这无疑增加了比赛的难度和科技含量,经过90分钟的激烈角逐,最后由张立斌等四名同学组成的No. One队获得大赛第一名,总成绩为承载力48千克。第三届大赛在前两届的基础上变为大跨度的桥梁结构模型设计,加大了对学生的动手能力和科技创新能力的要求,经过为期一个半月的报名筹备初赛和复赛,有15组参赛作品进入决赛,最后李斌等四名同学组成的"绿色通道代表队"以总分70.13分夺得大赛冠军。

摩天阁建筑协会的会员还积极参加省级专业比赛并屡获佳绩。在第三届"龙建杯"校园科技(工程)文化系列比赛活动(由黑龙江省教育厅、黑龙江省公路学会、黑龙江工程学院主办的校园科技文化系列活动,有哈尔滨工业大学、东北林业大学、黑龙江大学、哈尔滨理工大学、黑龙江科技大学、牡丹江大学、哈尔滨华德学院、哈尔滨石油学院、黑龙江东方学院、黑龙江工程学院共10所高校派队参赛)中,荣获二等奖2项、三等奖3项;在第四届"龙建杯"校园科技(工程)文化系列活动中荣获一等奖、二等奖各1项、三等奖3项;在第五届黑龙江省大学生结构设计竞赛(由黑龙江省教育厅高教处和黑龙江省力学协会共同主办,有来自哈尔滨工业大学、哈尔滨工程大学、哈尔滨理工大学等多所院校,近百余支代表队参加)中荣获三等奖6项和团体三等奖;在第六届黑龙江省大学生结构设计竞赛中荣获二等奖4项、三等奖2项和团体三等奖。

在比赛过程中,学生充分运用所学的理论力学、材料力学、结构力学中的知识,并与实践相结合。纸桥比赛让学生真正了解到理论知识和实际工程的偏差,课堂上学的都是理想化模型,即使有一定的误差也跟实际情况有很大的差异,在动手设计和制作模型的过程中,才知道怎样把所学的理论运用到生活实际中,碰到问题才知道哪些知识要加强。

"谁能架索凌九霄,天堑通途亦堪豪,借力纸桥识奥秘,神州他日任画描。"顾德库院长在第二届承受运动荷载的大跨度桥梁结构模型设计大赛上所做《赞纸桥大赛》生动地揭示了纸桥大赛的意义,它激励着建筑与土木工程学院全体师生在学以致用、实践创新的道路上不断开拓前进。

梦想起飞的地方

——服装学院"华德霓裳-梦故事模特队"

在华德霓裳品牌的基础上,2015年组建了华德霓裳-梦故事模特队。致力于校园文化品牌服务,成立至今,其承担的活动得到相关的报道,与红博·西城红场建立合作关系,与省内多所院校同台比拼毕业生的设计作品,得到了东北网、光明日报等媒体的大力宣传与报道,对华德学院在学生的培养定位、能力提升、动手实践等方面都给予高度评价。华德霓裳-梦故事模特队一直注重成员的培养,发挥成员的自我管理与服务的意识,积极参加社会的各类活动及模特大赛等,具体获奖情况及各类模特活动如下:

靳阳,荣获2017年新丝路模特大赛哈尔滨赛区最佳上镜奖。王博宇,荣获首届志华服装秀大赛冠军。杨辉,荣获首届志华服装秀大赛亚军。焦凯旋,在2017秋冬梅赛德斯-奔驰中国国际时装周胡社光作品发布会工作为全场唯一男模身着黑色旗袍诠释东方之美;在2017上海时装周胡社光作品发布会以两套look亮相;在"2017中国时尚权力榜"颁奖盛典作为唯一男模演绎胡社光的作品"丝路·民族";连续两季亮相伊文捷琳品牌发布会闭幕场;在2018哈尔滨时装周参与德国、法国、马其顿、丹麦、蒙古以及中国走秀6场;在2018AW中国国际时装周为LASOMBRA品牌、CHENGUANG WANG品牌走秀,在2018AW上海时装周以三套look亮相BOX PROJECT品牌。

服装学院2015—2019届毕业设计作品发布会在红博·西城红场艺术长廊举行,用

一场场精彩的毕业设计服装秀向青春致敬、向校园告别、向母校献礼。每场毕业作品发布会主题不同,但都展现了新生代的年轻设计师们四年学习实践的积淀与酝酿,在专业教师的引导下大胆创新,将设计与生活相结合,用实际行动践行艺术服务社会、设计服务民生的专业使命。作品秉承地域与传统服饰文化,用传统手工技法与材料创新设计有机融合,注重技术与艺术之间的相互渗透,营造出了细腻、丰富、多元的视觉体验。丰富的展演元素,缤纷的色块,驰骋的想象,充分体现了服装学院毕业生的创意设计水平和艺术才华,给观众带来一场场视觉盛宴。

发生在身边的故事

在2018届毕业设计作品发布会上,顾德库校长用诗作化成寄语赠送给即将毕业的2018届毕业生。

2018应届毕业生"边界"主题服装设计作品发布会·即席一

艺术无界界无边,欲服社会商海连;

匠心创意临边界,指日梦飞艺梦圆。

2018 应届毕业生服装设计"边界"主题作品发布会·即席二

传统编织夺先声,流苏倒领衬铆钉;
民族缘何不世界,颠覆他山纷彩呈。
成装巧搭应推市,大众渴盼匠心同;
疑是瑶池纷沓至,霓裳多姿亮彩虹。

顾校长在讲话中还提到"青年的一代要有三个梦,即中国梦、华德梦、成才梦!"在学生们的热烈掌声中,顾校长再次为参演发布会的华德霓裳–梦故事模特队题诗。

2018 应届毕业生"边界"主题服装设计发布会·赞华德霓裳"梦故事"模特队

阳刚帅气自恢宏,靓丽多姿似惊鸿;
百件霓裳融创意,爱心磨炼好台风。

庆哈尔滨华德学院 27 周年暨服装学院 2019 届毕业设计作品发布会即席

风雨风舟二十年,工学艺展开河先。
名校中兴萌芽露,西城彩舞百花园。
温馨九牧京华奖,蜕变凤凰再飞天。
个性培养存期盼,成蝶纹韵影依澜。

在冰雪中彰显青春本色

——艺术与传媒学院"华德雪艺社团"

"华德雪艺"是指由艺术与传媒学院学生组成的学生团体,以华德精神为灵魂,以艺术系专业发展方向为背景,以日益兴起的黑龙江省冰雪文化为展示场所,以丰富的学生活动、参加各类冰雪雕比赛为载体而创建的学生文化活动品牌。艺术与传媒学院师生首次参加省市雪雕大赛,就取得了多项荣誉。2005 年末,顾德库校长要求艺术与传媒学院师生进行认真总结与思考,抓住时机成立了"华德学院大学生冰雪艺术中心",

并得到了全国知名艺术界专家的关注与支持,标志着"华德雪艺"学生文化品牌正式诞生。"华德雪艺"学生文化品牌成立数年来,培养出一批批的冰雪艺术人才,为龙江冰雪文化发展和冰雪旅游经济发展做出了重要贡献。

"华德雪艺"文化品牌诞生以来,为艺术与传媒学院找到了一条理论教学与社会实践、学生综合素质培养相结合的有效途径。参加冰雪雕比赛不仅检验了理论教学水平、学生的实践创新能力,也是对学生意志力和团队协作精神的考验。因此,学校和学院都十分重视并积极组织学生参加各种冰雪雕比赛。华德雪艺社团是由艺术与传媒学院学生于 2005 年申请组建的,起初以视觉传达设计、环境设计、动画三个专业的学生为基础,延伸发展吸收更多的华德学子,社团活动丰富了学生的大学生活,锻炼了学生的意志品质,培养了学生的黑土情怀。在艺术与传媒学院专业教师的指导下,社团取得了一系列的喜人成绩:

在第六届大学生雪雕比赛中,作品《欧若拉女神》获得金奖,其他作品也分别获得大赛银奖、铜奖。2005 年在第六届黑龙江省雪雕比赛中,作品《众志成城》获得银奖,其他作品分别获得大赛优秀奖、纪念奖;在黑龙江省第三届大学生冰雕比赛中,作品《梦回天堂》获得铜奖。2009 年 1 月,"华德雪艺"队代表中国参加第十四届中国·哈尔滨太阳岛国际雪雕比赛,以作品《勇气》一举夺得大赛银奖。作品《龙江新时代》荣获第十届省雪雕比赛一等奖。"华德雪艺"队在各类国家级、省级大赛中多次取得金奖、第一名的好成绩。2010 年,在第十五届太阳岛国际雪雕比赛,作品《未来力量》蟾宫折桂,这是迄今为止该赛事中中国高校队伍中唯一获得的金奖。2015 年华德学院代表队以作品《国粹》在第二十二届全国雪雕比赛中喜获银奖,并成功晋级国际雪雕比赛,继续代表中国备战国际雪雕大赛。2016 年在第二十一届中国·太阳岛国际雪雕中,华德学院代表队组成中国三队,作品《相遇尼斯湖水怪》荣获铜奖。

  2019 年黑龙江 TCA 布谷鸟团队联手华德学院 TCA 布谷鸟实验室,在哈尔滨华德学院正门广场共建雪雕版王者荣耀峡谷,在环境艺术系庞宇、视觉传达吕铁人老师的指导下,学生 72 小时内雕刻完成 10 座王者荣耀形象雪雕,有熟悉的防御塔与水晶、可以骑的鲲、帅气的项羽和小兵炮车,仿佛置身峡谷之中。这不是一个人的王者,而是团队的荣耀!此次深入合作得到了广泛关注与宣传,"东北学生是怎么玩王者荣耀的"短视频在新浪微博上发布后,吸引近百万人次观看,并大量转发、点赞、评论。这次群雕创作是腾讯高校互娱联盟举行的《王者荣耀》创意设计方案评选,"华德雪艺"师生的《冰雪雕塑群》创意设计在众多学校的方案评选中脱颖而出,成为黑龙江省唯一入选的高校,创意设计项目作品由"华德雪艺"师生在华德学院创业广场创作完成,这也是该项目自 2018 年在哈尔滨冰雪大世界完成后首次在高校中完成。

发生在身边的故事

顾德库校长也曾到学校创业广场看望进行雪雕创作的华德雪艺师生团队，了解参与创作师生的服装保暖情况和"守护家园"群雕项目的创作设计理念、雕塑进展情况，对师生克服寒冷天气条件、顽强拼搏的精神给予充分肯定，并鼓励他们要用毅力、智慧创作优秀冰雪艺术作品。顾校长强调："2005年，学校结合龙江地域文化特点和艺术专业教学实践训练需要，鼓励学生积极参加冰雪雕塑比赛，华德学子不负众望，首次参赛创作的作品《众志成城》获得了省第六届雪雕比赛二等奖的好成绩，还有其他多部作品获奖。随后，学校专门成立冰雪艺术雕塑中心，推进相关工作，逐步形成具有华德特点的冰雪雕塑团队，我们命名为'华德雪艺'。多年来，华德雪艺取得了国内外冰雪雕赛事金奖大满贯的喜人成绩，获奖330余项，多次为华德争光、为龙江争光、为祖国争光。华德雪艺有着顽强拼搏、追求卓越、坚韧团结的光荣传统，很好地弘扬了'大爱、责任、荣誉、合力、坚韧'的华德精神。"

在比赛创作过程中,"华德雪艺社团"的同学们感慨颇多:

1604613 班 马庆雨:我现在进入大四学年学习,大学期间多次参加冰雪雕塑比赛,记得刚刚加入华德雪艺这个团队,感觉天气实在是太冷了,零下30多度,要昼夜在室外工作。想想前面的努力,再看看老师和其他同学仍在战斗,自己一咬牙就坚持下来把作品创作完成了。

1704411 班 孙建华:参加华德雪艺给我最大的收获,就是自己对空间结构的感觉、对艺术的理解、对美的认识更深刻了,我认为我们战胜严寒、战胜自己的创作精神就是最美的。

1704411 班 张梦钒:我们都非常热爱这个团队,大家在一起创作中结下深厚的友谊,让我学会了坚持。

比赛成绩的取得不仅说明"华德雪艺"文化品牌的建设、"华德雪艺社团"的建设实现了教赛结合、以教带赛、以赛代训的人才培养和培训机制,而且形成了学生综合素质培养及学生专业技能提高的有机统一,培养了学生的黑土情怀,更彰显出"大爱、责任、荣誉、合力、坚韧"的华德精神,以及该品牌所蕴含的独特艺术魅力和无穷的生命力。

顾德库校长题诗一首:

发生在身边的故事

忆吹箫·贺第六届黑龙江省雪雕比赛华德雪艺队获奖

顾德库

莫道冬暖,说说冷了,周天真个寒妆。

雪艺邀专访,晴好斜阳,玉宇琼楼霄汉,

银凤美,振翅高翔。

千姿巧,人能剪水,岛是仙乡。

学廊,创新竞技,灵慧各张扬。

动感春芳。

众志华德唱,自信谁强。

呵雾成霜不苦,刀做铲,剔透圆方。

佳音到,荣膺亚军,再整征装。

二〇〇五年十二月

屡获佳绩的数学建模竞赛

——数理教研部"数学建模竞赛"

随着社会的发展,数学在工程技术、自然科学、经济、金融、生物、医学、环境、地质、人口、交通等领域发挥着越来越重要的作用。社会对数学的需求并不只是需要数学家和专门从事数学研究的人才,而更多需要在各部门中从事实际工作的人,善于运用数学知识及数学的思维方法来解决每天面临的大量的实际问题,取得经济效益和社会效益。对复杂的实际问题进行分析,发现其中可以用数学语言来描述的关系或规律,把这个实际问题化成一个数学问题,这就称为数学模型,建立数学模型的过程就称为数学建模。

华德学院自 2004 年开展了这项极富意义的活动,至 2019 年共派 159 支队伍参加了全国大学生数学建模竞赛及美国大学生数学建模竞赛。其中获得国际二等奖 3 项、国家二等奖 5 项、省一等奖 27 项、省二等 19 项、省三等奖 28 项。成绩在同类院校中十分突出。能够取得这样好的成绩,与参赛学生的努力、教师的精心指导、学院的重视和支持是分不开的。学校重视、鼓励学生参加各类专业竞赛,达到检验教师教学效果、提高学生专业能力、深化学校办学理念的目的。学校在每年 3 月,经学生(数学和计算机学习成绩优良的学生)自愿报名后,聘请专家讲课辅导,进行集中培训。根据培训学习状况,选拔参赛人员,每年组队(3人一组)参加全国大学生数学建模竞赛。学校为学生参赛提供一定的经费和计算机房练习,从培训到参赛前的准备都有教师给予精心指导。

数学建模竞赛屡获佳绩,不仅为学校争得了荣誉,而且也大大地激励了学生奋发向上的进取精神。从下面这篇曾获得2018年美国大学生数学建模竞赛国际二等奖、2017全国大学生数学建模竞赛国家二等奖和东三省联赛二等奖的1602411班张昭同学的心得体会中,可以感受到数学建模竞赛的意义。

当我第一次听到"全国大学生数学建模竞赛"这个名称时,我并不知道这是怎样的一项竞赛。直到后来我听说这是全国"四大赛事"之一。我对数学很感兴趣,从一开始对不懂什么是数学建模的"小白"到代表学校组建队伍参加国赛、美赛并为学校争光,我想和大家谈一下我的收获:

1. 提高队伍领导能力和团队协作能力

在比赛过程中,可能会遇到很多困难而自己无法解决,这时要学会相信队友,无论你是队长还是队员,都会提升你的团队协作能力与领导能力。

2. 获得一些志同道合的队友

正因为他们的存在,你会觉得身边有许许多多努力的人、一起奋斗的人,和他们结下深厚的友谊,他们日后有很大的可能成为你的研友。

3. 提高问题分析能力

比赛的题目都是当下的热点问题,这样的题目设计会大幅度拓宽学生的眼界,积极地为未来谋划策。比如2015年国赛的共享单车问题,2013年美赛埃博拉病毒传播问题,都是当时具有热议性的问题。

4. 大幅提高自学能力与随机应变能力

比赛过程中的题目是随机的,你学的专业未必会和题目完全相符,题目往往是很多学科的交叉。因为时间有限,这时候会锻炼你短时间的数据搜集能力、文章撰写能力、对其他领域学科的自学能力等。在比赛过程中难免会遇到困难,要想尽办法去解决,你需要冷静地处理问题,随机应变。

5. 增加数学学习兴趣

如果你喜欢数学,那么数学建模会让你更加了解数学如何运用到实际生活中,从而让你更热爱数学。

6. 胜利贵在坚持

要取得胜利就要坚持不懈地努力,饱尝了多次的失败之后才能成功,也可以这样说,坚持就是胜利。最后希望大家能够通过数学建模竞赛积极地完善自我,为校争光。

热爱运动的华德人

(一)风羽同舟,羽爱同行

——体育教研部"羽毛球队"

羽毛球队成立于2009年,是学生根据个人兴趣、自发组织、以交流学习为目的组织,对体育课羽毛球教学活动是一个很好的补充。首先,参与的学生都对羽毛球运动有着浓厚的兴趣。其次,羽毛球队不是校羽毛球队,在这里,不考虑水平的高低,大家以球会友,相互切磋,提高技艺,增进了解,达到锻炼身体、交流情感的目的。

第三篇　实践创新篇

　　根据学生的身体素质和个性多方面因素,教练为学生设置多套训练计划。羽毛球队成立至今,获奖无数。代表学校参加全省大学生羽毛球锦标赛,共获得团体冠军一次,男子单打第一名两次,男子单打第三名一次,女子单打第二名一次,男子双打第三名两次、第五名两次,女子双打第一名一次、第三名两次,混合双打第三名两次。毕业的学生中还有曾经的羽毛球队队员在从事羽毛球教练员工作。

（二）"橄"打、"橄"拼、真"橄"情

——体育教研部"英式橄榄球队"

华德学院自 2016 年开始展组建英式橄榄球队，至 2019 年底多次参加省赛和全国赛，获得全省冠军 7 次、全国第四名 1 次、全国季军 1 次、全国亚军 2 次。成绩与同类院校相比是值得肯定的。当然，取得如此好的成绩与学生的刻苦训练、教练的耐心指导及学院的大力支持是分不开的。为了提高竞技水平，每年开学之初，经学生自动报名和老队员推荐，通过两个月的集中训练后，选出一、二、三梯队成员，再有针对性地备战不同组别的比赛。学校也为队员提供了一定经费和训练场地，使其和教练员可以在赛前、赛中、赛后都得到保障。

顾德库校长题诗一首：

贺华德橄榄球男队获全国大赛初赛亚军

竞技驰骋汇南国
肩头重任费琢磨
出征亚军勇堪赞
捷报又传壮华德

顾德库
2016.11.14

橄榄球赛屡屡获奖，不仅为学校争得了荣誉，也激励了学生的拼搏精神和进取信念。从下面这篇心得体会中可以感受到英式橄榄球的意义。

我是1701512班的荆鑫强，第一次在网上看英式橄榄球比赛时，我觉得我可能这辈子都不会参与这个项目。但是当听到学校要组建英式橄榄球校队，作为体育爱好者，我内心很纠结，因为我知道竞技体育能带来成绩但也会伴有伤病，抱着试一试的想法我加入了学校英式橄榄球队，随后爱上了这个团队，收获颇多：

1. 团队配合 & 集体荣誉感

比赛和日常训练中，有很多突发情况，如丢球、漏人等情况经常发生。教练告诉我们,发生这些情况,都是团队默契度不高的体现,作为团队中的一员,不论发生什么情况都不能埋怨队友。

2. 性格变得更温和,懂得尊重每个行业

英式橄榄球虽然对抗性非常大,但却是以尊重裁判、尊敬对手为前提,在规则下为队伍获胜。在日常训练和交流赛时,教练会让我们轮换着当裁判员,一方面更熟悉规则,另一方面也让我们理解裁判员的不容易。

3. 收获友谊

每周末都有英式橄榄球的校际交流赛,我们和本市其他高校校队(偶尔会有外市、外省校队参加)进行交流、学习,结识了不同专业、不同学历、不同年纪的朋友,英式橄榄球让我收获了友谊。

4. 沉着、冷静地处理每件事

参加全国赛和省赛的时候,前期和后勤需要诸多准备,订票、服装、餐饮、住宿等。每每处理这些看似小却也关乎"全盘"的事情时,我觉得都是在为未来提前演练。未来我参加工作,有了家庭,处理的也都是这样看似简单实则关键的问题,解决这类问题,唯有细心、耐心、真正为他人考虑才能办好。

5. 看得见的身体素质变强

每次放假回家,父母总是说我变得更"结实"了。事实确实如此,训练不会仅仅针对某一处练,而是全身练,核心力量、上肢、下肢都有涉及,我的身体素质有了明显提高。

6. 学习更加高效

原本我是个很拖沓的人,老师留的作业和任务都会等到交之前再做。教练强调队员必须做完手头的作业才能参加训练和比赛,这在无形之中给了我压力,老师再留作业我都会第一时间完成,时间长了即使教练不强调也不会拖欠任务。

7. 期待更好的自己

无论是校际交流赛还是全国赛,我们会遇见优秀的队伍、优秀的人,看着他们脸上的自信,我希望未来自己也能是那个样子。于是我开始看各类书籍、学习英语,虽然进步的脚步很慢,但却一直在路上。我相信,未来一定是更美好的样子。

同学们,如果你困惑于努力的方向,那就去参加体育运动吧。体育能包容一切,带来更多新鲜的人和事,见得多了,经历得多了就会有方向,希望我们都能成为那个理想中的自己!

第四篇 社会实践篇

理论联系实际是中国共产党的优良传统和作风,教育与生产劳动、社会实践相结合是中国共产党教育方针的重要内容,理论教育和实践教育相结合是大学生思想政治教育的根本原则。大学生参加社会实践,了解社会、认识国情,增长才干,奉献社会,锻炼毅力、培养品格,对于加深对习近平新时代中国特色社会主义思想的理解,深化对党的路线方针政策的认识,坚定在中国共产党领导下,走中国特色社会主义道路,实现中华民族伟大复兴的共同理想和信念,增强历史使命感和社会责任感,具有不可替代的重要作用,对于培养中国特色社会主义事业的合格建设者和可靠接班人具有极其重要的意义。

华德学院利用校企合作办学等实践平台,开展以"改革开放以来家乡发展变化"为主题的社会调查实践活动,学生以志愿服务的途径了解社会、服务社会。通过这些社会实践活动,学生获得了知识,得到了锻炼。下面的几篇社会调查实践报告真实地反映了华德学院的学生作为志愿者和调查员参加的社会实践活动的情况,对他们今后成长成才具有一定的积极作用和帮助。

哈尔滨市双城区周家镇经济发展状况调研报告

1802402　　肖雨桐

调查时间：2019年暑期

调查地点：哈尔滨市双城区周家镇

调查对象：当地交通、企业、市场、餐饮行业等

调查方式：实地走访

调查目的：响应共青团中央关于大学生暑期"三下乡"社会实践活动的号召，感受家乡社会经济生活发生的巨大变化，提高大学生的实践能力。

哈尔滨市双城区周家镇1996年被确定为国家级小城镇综合改革试点镇，之后周家镇把改造、发展大市场作为经济发展的重点，在诸多优惠政策吸引下，全国20多个省区市216个市县的客商云集占地7万平方米的周家大市场，组建起床上用品加工、服装加工、棉花加工3个加工集团，形成了前店后厂、产加销一条龙发展格局。周家大市场成为哈尔滨市最佳效益企业。

发生在身边的故事

在走访的过程中,人们描述曾经的周家镇使用最多的两个字就是"贫穷"。很多人为了生活不得不背井离乡。当时周家镇的经济主要靠的是农业和纺织业。由于大部分的年轻人都离开了,当地经济发展逐渐变得困难。而202国道的修建成为一个契机,交通的方便加上周家人的勤奋硬是闯出了一条致富之路,人民的腰包逐渐鼓起来了,外出的人也陆陆续续地返回家乡准备一展身手。经过周家镇政府和人民的不懈努力,周家镇的经济呈现跳跃式发展,被称为"周家现象"。

经过前期的调查走访,我总结出了周家镇经济飞速发展的三个主要原因:交通便利,发展特色产业和有效的经济整合。

一、交通便利

周家镇位于哈尔滨市南部,处于一小时都市圈内,是哈尔滨都市经济圈的前沿;202国道从境内通过,运输便利,交通发达;北部与哈尔滨平房区接壤,东部与阿城区接壤,镇内有火车站、汽车站和货物托运站,每日开往哈尔滨或邻市、区、乡镇的客运班车100多班次,货物可通过市场托运站直达。

二、发展特色产业

利用当地资源,形成以市场牵龙头、龙头带基地、基地联农户的产业化经营体系。

在农业方面,周家镇建立了3个较大的基地:依托黑龙江省绿色食品谷物实业有限公司建立了4个无公害绿色食品产业化基地;依托双城市雀巢乳业公司建立了大玉米—大奶牛—大乳品产业化基地;依托哈尔滨市市场资源建立了鱼、猪、蛋、禽、奶、瓜、菜7个绿色产业基地。

在乡镇企业方面,建立了3个企业集团:围绕农副产品精深加工组建黑龙江省绿色食品集团,建立纯绿色糯玉米真空保鲜生产线、浓缩玉米秸秆生产线和绿色小杂粮生产线;围绕轻纺批发大市场生产江浙时装,组建鸿博服装加工集团;利用当地乳品资源,生产袋装和罐装鲜奶,组建宏源乳制品集团。

在市场方面,组建3个加工集团:以欣新被服厂、宏达被服厂为主体,组建床上用品加工集团;以鸿博服装厂、红星服装厂为主体,组建服装加工集团;以20多家梳棉厂为基础,组建棉花加工集团,从而形成周家市场的特色产品。

发生在身边的故事

三、有效的经济整合

加速投融资体制改革，推进小城镇建设。按照"谁投资、谁受益"的原则，改变过去小城镇建设单纯靠财政拨款的办法，制定了吸收外来投资的相关政策，广开投资融资渠道，加快小城镇建设。在市场经济条件下，在区域范围内挖掘其特点，把经营小城镇的理念贯穿于城镇规划、建设、管理的全过程，突出优势，疏通瓶颈，消除政策障碍，打破体制束缚，加快小城镇建设的步伐。此外，周家镇还充分利用国家政策机遇，合理调整发展策略，进一步优化产业结构，充分挖掘产业经济增长潜能，实现城镇经济持续发展。

周家镇的变化是改革开放后中国经济发展的一个缩影。从这次周家镇经济调查活动中，我看到了一个城镇经济发展的愿景：城镇的发展和繁荣与当地人民改革创新、谋求发展的主观意识是分不开的。正是周家人自强不息、不甘落后的坚定信念推动了当地的经济改革和发展。

作为当代大学生，我要努力学习文化知识，掌握科学本领，将来努力为家乡的经济建设和城镇发展贡献自己的力量。

从百姓生活变化看改革开放四十多年的辉煌成就

1701511 薛佳兵

调查时间:2019 年暑期
调查地点:黑龙江省大庆市
调查对象:城镇居民
调查方式:访谈
调查目的:以小见大,见微知著,了解改革开放四十多年来的成就对中国家庭的影响

1978 年中共十一届三中全会是历史上具有深远意义的伟大转折,开启了改革开放和社会主义现代化的伟大征程。改革开放使中国社会的面貌焕然一新,人们的衣食住行和社会生活发生了翻天覆地变化,生活水平得到了很大提升。

2019 年暑假,我回到家乡,通过与社区居民走访交流的方式了解改革开放以来的社会变迁和人们的生活变化,切身感受和体会改革开放所取得的成果。

居民王某:"在 20 世纪 80 年代改革开放初期,当时家里购买日常生活用品基本上是通过赶集,因为当时的百货市场距离居住的地方较远,所以购买生活用品非常不方便。不像现在,商场、超市里面的商品琳琅满目,而且通过网络也可以足不出户、在线直接选购商品,商家通过快递直接将商品送到家里,购物十分便捷。"

居民刘某:"七八十年代,当时人们的物质生活条件较差,买衣服要凭布票,且数量有限,色彩和样式也很单调。大家都穿着千篇一律的黑色中山装或蓝色解放装。那时北方的冬天比现在要冷得多,人们身上大多数的御寒衣物都是自家老人家手工缝制,衣服一旦坏了就打上补丁,'新三年,旧三年,缝缝补补又三年'。如今,连我五岁的小外孙女都知道每天要选择自己的衣服,而且每隔一段时间就让爸爸妈妈添置新衣服,再也不用等到过年才穿新衣了。"

居民张某:"改革开放后,老百姓的衣食住行发生了显著变化。如今,老百姓再也

不用为出行而发愁了,公路、铁路、民航,交通网络十分发达,出差、旅游、探亲访友,过去只能坐火车、长途汽车,而现在可以选择乘坐高铁、飞机等交通工具,而且车次和航班很多。我是2016年买了私家车,一到节假日,我喜欢组织结伴旅游,目前走了黑、吉、辽、京、津等地的旅游景点,每次出行用智能手机预订酒店、导航、优选景点和线路等,现代化的旅游更加轻松愉快。尤其是有了智能手机,视频聊天、订票、订餐很方便。"

学生家长赵某:"改革开放以来,国家教育体制改革使新一代的年轻人能够接受良好的教育。以我的家庭为例,我们姊妹六人出生在六七十年代,只有一个是大学生,两个是工人,其余三人都在农村务农。而我们的下一代有两个研究生,目前正在考博,三个本科生,一个大专生,两个中学生。这么看,出生在改革开放以后的人是幸福的一代,他们有条件接受良好的教育,文化素质和知识水平得到普遍提升。另外,社会上成人教育、在职教育、网络教育也很方便,在这个时代,只要个人愿意学习,愿意努力,机会很多。家庭是社会的缩影,国家发展教育为先,新生代普遍是高学历、高技能,综合素质有了很大提升,这得益于国家有一个良好的举国教育体制,很多人和家庭受益。"

大学生韩某:"初中时,学校的教室里安装了全新的多媒体教学设备,计算机、投影仪走进了中学的课堂里,学生的学习媒介也变得更加多元化。高中时,家乡的道路也进行了翻新,取代原来一条条泥泞小路的是一条条宽敞的水泥路和柏油马路。而我现在大学所学的专业是通信工程,4G、5G通信技术这些年得到了大范围的推广与应用,网络运行速度比过去快了至少几十倍。"

改革开放40多年,国家强盛,民族复兴,人民生活水平日益提高,我们亲身经历和感受到了国家改革开放带来的巨大变化。如今"神舟"飞天、"蛟龙"入海、"天眼"探空、"墨子"传信、"天宫"合体,一幅幅成就记录,彰显大国时代影像,传递伟大时代的情感与温度。中国以敢闯敢干的勇气和自我革新担当,闯出一条新路、好路,实现了从赶上时代到引领时代的伟大跨越。作为当代大学生,我要认真学习,努力提升本领,为了更美好的明天而发愤图强,早日去创造和见证一个更加繁荣昌盛的新时代!

对农村养殖户的经济生活水平情况调查

1802701 姜旭宏

调查时间:2019年暑期
调查地点:辽宁省绥中县小庄子镇
调查对象:养殖户
调查方式:走访
调查目的:到基层了解当代农村村民的生活现状,切身体会党和国家全面建成小康社会的成果

一、对当地养猪户的调查走访情况

2019年8月,利用暑假的机会,我来到辽宁省绥中县小庄子镇对当地养殖场做了社会调查。通过走访,了解当地养猪户的收入等情况。

养猪户孙某:养殖规模14头母猪,110只育肥猪,有六年的养殖经验,对本地区猪的行情比较了解,乐于帮助其他养殖户,平均年收入3万元左右。

养猪户杨某某:养殖规模150头育肥猪,有十年的养殖经验。刚开始的两年由于饲养不得法不懂行情亏掉了6万多元,但一直坚持继续养下去,现在平均年收入2万元。

养猪户李某:养殖规模种猪4头,母猪10头,育肥猪90头,养殖时间不足两年。但他依靠学习知识,进行科学养殖,平均年收入也达到了3万元。

养猪户孙某某:养殖规模母猪2头,育肥猪60头。采用传统的管理方法,环境比较差,猪很容易就得上病,虽经治能够救活,可相对损失也比较大,平均年收入1万元。

养猪户施某某:养殖规模母猪1头,育肥猪20头,有更多余时间,因此经常在当地做一些零工,平均年收入也在1万元左右。

以上几种是该地区典型的养猪状况,其中第一种占全部养殖户的15%,第二种占6%,第三种占17%,第四种占21%,第五种占41%。

二、从养猪户收入差距入手进行分析

从上可以看出,那些敢冒风险、大量投入资金、勤奋努力、依靠科学的农民养殖户往往会得到更多的回报。农村经济一般以小规模农民家庭经营为基础,一般农民投资的高风险、长周期和低盈利,与资金追求盈利性、流动性、安全性的"三性"相悖,因此,农村资金市场有以下特点:

(1)资金引力小。资金逐利而动,在市场自发作用下,农村资金市场实际上成为吸收农村资金流向非农产业、城市和大公司的通道。

（2）资金市场价格高。资金外流和民间借贷的高风险,使农村民间资金市场的利率往往高于农业乃至一般生产性企业的利润率。

（3）正规金融缺位,资金市场运作不规范。正规金融长期被赋予保障正规经济资金需要的任务,农村企业和个人与正规金融却反组织化联系。

由于农村资金市场有以上的特点,也就不会有那么多农民把自己辛辛苦苦积攒了一辈子的钱拿来冒这个险,因此他们的收入水平就比较低了。

从上述调查也可以看出,那些收入高的养殖户更能跳出传统思想的束缚。他们不再"守株待兔",而是花钱走出去跑市场,考察学习,因此获得了最新的市场行情信息,签下订单不再为销路发愁。他们学习到了最新的科学技术,从而使自己投入的成本更低。由此可见,在市场经济的浪潮中,只有科学文化知识才能带领人们富裕起来。

三、调查总结

随着我国经济改革开放的步子越走越远,农民的生活水平不断提高,不仅吃得好,还讲究起营养搭配了;不仅穿得暖,而且穿得更漂亮了。农民富起来,国家才算是真正富起来了。作为在校大学生,我们应更努力地学习科学文化知识,武装自己,学有所成,将来能够帮助广大农民实现共同富裕。

第五篇　优秀班级篇

班级是学校的基本构成单位,也是学校行政管理的最基层组织。班级教学是现代最具代表性的一种教育形态,整个学校教育功能的发挥主要是在班级活动中实现的,班级集体的优良与否对每个学生的成长是至关重要的。因此,中华人民共和国成立以来,各个院校都把创建"三好班级"作为班级建设的主要内容。哈尔滨华德学院成立以来,在创建"三好班级"活动中,先后涌现出一批优秀班级。这些优秀班级各有特色,但它们都具有共同的特点:有勤奋、严谨、求实、创新的优良学风;有积极上进、遵纪守法、热爱集体、乐于助人、朝气勃勃、崇尚科学、文明健康的良好班风;有政治坚定、团结协作、以身作则、联系同学的班级领导核心。

　　每个学生进入大学之后都希望有个优秀的班级集体,为自己的四年大学学习生活提供良好的环境。而优秀的班级集体是要靠每个学生去创建的。怎样来建设一个好的班级集体?下面"三好班级标兵"和"立志成才班"的事迹,为我们提供了借鉴。

雏鹰展翅待翱翔

——记校"双标兵"机电与汽车工程学院1702813班

华德学院自成立以来,始终坚持理念引领办学,注重积淀大学文化,凝聚大学之魂,营造整体育人氛围,做到了"学风浓、教风严、校风正",涌现了一批又一批学风优良班级、学风建设先进个人。在众多优秀班级中,同时荣获"五四红旗团支部"与"三好班级标兵"无疑是很高的荣誉。机电与汽车工程学院1702813班就是这样一个"双标兵"班集体——班级平均成绩89.65分,4人获得国家励志奖学金,7人获得校级奖学金;预备党员4人,入党积极分子7人;班级成员先后荣获黑龙江省"三好学生"、优秀共青团员标兵、优秀学生干部。这个由25人组成的班级,在短短两年多的时间里,从"雏鹰"变为"雄鹰",由"一般"走向"卓越",这与学校规格严格的治学传统、严谨细致的学生管理、周到热情的日常服务、共同营造的整体育人环境密不可分。

一、全面育人，助力成长

华德学院一直把立德树人作为中心环节，坚守应用型的办学定位，教育教学并重，全员、全过程、全方位育人。在学校汽车技术实践教学中心举办的首届"车身修复标星考核（汽车钣金）"大赛中，1702813班陈文瑞同学取得了"专业技能三星"的好成绩。

"在1702813班，辅导员和责任班导师'双覆盖'工作执行到位，是这个班级越来越优秀的重要原因。"辅导员姚飞在介绍时多次提到"双覆盖"。辅导员和责任班导师"双覆盖"是华德学院育人管理工作的特色之一，即在辅导员工作覆盖到全部班级的基础上，学校选聘专业教师和部分优秀机关干部担任各班责任班导师，做好学生的学风建设引导工作。在"双覆盖"作用充分发挥下，1702813班学风建设成效显著。在两年多的时间里，学生共获得各类奖助学金70 000余元，其中4人获国家励志奖学金、7人获得校级奖学金。

在班级文化建设方面，他们设计出了班徽、寝室文化板，通过各种方式展现班容班貌，增强班级同学的荣誉感。在制度建设方面，他们有自己的班规、班制，发挥好"传帮带"作用，以班干为基础，实行"一帮一"制度，以优秀学生带动班级整体风气。由于学风、班风突出，1702813班作为机电与汽车工程学院优秀班集体代表，参评了学校2018年度先进班集体的评选，并最终荣获"五四红旗团支部""三好班级标兵"称号。优秀的团队总能产生优秀的个人，1702813班的学生也获得了许多奖项，如杨华、钟策翰2名同学被评选为2018年度黑龙江省"三好学生"，宋军、郑闯2名同学分别荣获"优秀共青团员标兵"和"优秀学生干部"称号，刘昌傲等4名寝室长由于寝室工作优秀，被学校授予"优秀寝室长"称号。

二、学风浓郁，立志成才

"汽车启动系统的作用是将蓄电池的电能转化为机械能，驱动发动机飞轮旋转……"在1702813班"特色晚自习"上，班委成员在组织同学们复习当天课堂上的知识难点。"在大一养成的集中上晚自习的习惯，让我们在学习上受益很多。即使升入大二后学校对晚自习没有要求了，我们班同学也都会主动来上晚自习，这样已经持续两年多了。"班长杨华介绍说。

华德学院始终将学生的全面发展作为发点和落脚点，顾德库校长提出：引导教育学生要从"理想、信念、志向教育"切入,树立坚定的理想信念和远大志向;从"文明礼貌、行为习惯引导"切入,促进良好行为习惯的养成;从"以教学为中心,围绕成才、就业、创新开展学生活动"切入,引导学生德、智、体、美全面发展。在这个理念的影响和带动下,1702813班学习态度愈发端正,立志成才的愿望愈发强烈。"我们能够考到华德觉得特别自豪,特别是看到学校为我们营造了这样好的学习环境,大家特别珍惜。"团支部书记徐亮介绍说。

为了让班级始终保持积极向上的学习氛围、保障持续的学习效果,班委会也没少费心思。大一上学期,他们就根据班级实际商量制定了一系列关于班风、学风建设的班规,如有违规第一时间上报辅导员老师对违规学生进行批评教育,并在德育学分上进行体现。经过一段时间的严格执行,同学们的上课出勤和课堂状态越来越好,经常得到任课老师的表扬。课下,班委会号召同学们自觉到图书馆去阅读有益的课外书籍和杂志,主动参加优秀校友讲座并相互交流学习经验。经过努力,班级大二上学期平均成绩达到了89.65分,名列全学院班级学习成绩首位。

除了注重文化课、专业课的理论学习以外,学生还注重专业实践课的学习。大家充分利用"第二课堂"时间,积极参加专业社团活动,并以"华德车管家"为依托,利用课余时间苦练钣金涂装本领,不断提高实践动手能力。另外,多名同学还利用暑假期间到哈尔滨多家知名汽车销售服务4S店进行技能学习,由于在工作中认真负责,得到了用人单位的一致好评。

三、信念引领,奋勇向前

习近平总书记在北京大学师生座谈会上说:"人生的扣子从一开始就要扣好。"在华德,"思政政治氛围浓郁"是学校的又一办学特点。爱国主义、龙江精神、社会主义核心价值观……学校一直注重将理想信念教育融入"134123"校园文化体系,校园文化馆、国防教育广场、教育家纪念园、思源广场、航天柱、启峰山、问渠湖等文化育人场所、景观遍布校园,营造了浓厚的红色文化育人氛围,大大激发了新时代大学生的爱国奋斗之志。

"把班风凝聚在'红色'信仰旗帜下,用信仰突破自我,用观念改变自我,用知识提升自我,不断奋勇向前,是我们班集体的共识。"团支部书记徐亮介绍说。1702813班团

发生在身边的故事

支部日前以纪念五四运动100周年为契机,组织开展了"新时代 新青年 新作为——让雷锋精神在新时代中绽放"的主题团日活动。活动中,特别邀请著名红色收藏家、华德校外辅导员孙凤来老先生,为团员青年讲述雷锋精神,并将本次团日活动在新浪网进行了在线直播。

1702813班委成员均为预备党员或入党积极分子,在工作中认真负责,在各个方面能够以身作则。两年来,班委成员组织同学参加爱校建校义务劳动20余次,累计参加劳动人次达400多人次,并在各项劳动中表现出色。2018年春季学期初清扫积雪时,全班同学劳动过后都是满头白霜,但看到齐心协力后的劳动成果,冻僵的脸上都流露出自豪的笑容,"我们班参加劳动从不排班儿,每次大家都是自动自发地参与,建校、荣校、爱校是每个人的责任。"班长杨华自豪地说。

坚定的政治信仰、团结的团队精神引领着学生更为积极地面对大学生活。1702813班全体学生入学之初就主动向党组织递交入党申请书,积极向党组织靠拢。目前,班级确立入党积极分子7人,预备党员4人,15人参加了党校、团校学习并顺利结业,并有4名同学因在学习过程中表现优秀、成绩突出,被授予"优秀学员"荣誉称号。

"让优秀的人培养更优秀的人才,助力学生实现自我超越,就可以使后进变为先进,使不可能变成可能,让一般成为优秀,让优秀变为卓越!"顾德库校长在开学第一课的殷殷期望,在1702813班得到了生动体现。漫漫人生路,青葱少年从头越;雏鹰待展翅,茫茫天际任翱翔。在华德的沃土飞出的雏鹰,终有一日完成华丽的蜕变,像雄鹰般翱翔天际。

这是一个未完待续的故事,将由1702813班全体师生接续去演绎……

追求卓越　携手共进

——记校"双标兵"机器人工程学院1708201班

1708201班团支部是一个追求卓越、拼搏进取的共青团组织,该支部共有28名成员。在校团委的指导下,在学院团总支的带领下,该支部认真学习党的路线、方针和政策,学习团的章程和基本知识,不断加强自身建设。全体成员勤奋学习、大胆创新,发挥先进青年的表率作用,在各方面都取得了较显著的成绩。

一、健全运行机制,规范日常工作,营造创优氛围

1708201 班团支部是一支朝气蓬勃、富有凝聚力和战斗力的队伍。团支部成员具有良好的政治素质,充分发挥主观能动性,发扬科学民主的作风,并积极参与到团支部的建设中。该团支部自入学以来便制订了科学合理的工作、学习计划,以及各项规章管理制度。同时,创新工作方法,引入竞争激励机制,使同学们始终保持积极向上、奋勇争先、团结互助的精神风貌。此外,在团员队伍建设方面,为了让同学们进一步了解党组织,积极向党组织靠拢,团支部定期组织全体团员对团章、党章及优秀党员、团员的先进事迹进行学习。2018 年 6 月 15 日,在班级团支部书记的带领下,该团支部积极学习中共十九大及"两会"理论知识。1708201 班已经有 22 名同学向党组织递交了入党申请书。此外,还有 8 名同学投身于校园文化建设大学生志愿团工作中。

二、树立勤学班风,理智竞争超越,积极创新学风

学习方面,他们勤奋刻苦、锲而不舍。自入学以来,班级整体学习氛围浓郁,班风优良。期末考试中,该班同学平均分高达 80.09 分。在运动会等文体活动中,他们更是热情高涨,积极参与,其中魏莱同学取得了"冠途体育杯"黑龙江省大、中专学生橄榄球锦标赛男子组第一名的好成绩。2017年秋季学期,班级在德育教师邓维娜的指导下形成了"一帮一"学习、生活互助小组,班级期末平均成绩及寝室卫生情况均取得了令人满意的成果。这一学期1708201班开创先河,开展了"学霸上讲台"的特色晚自习活动,有效地利用了晚自习的时间,同学们学有所长、学有所得。这一活动得到了院领导的一致好评,并在全院晚课期间全面推广。

三、建设优秀寝室,塑造良好环境,携手创美宿舍

该团支部积极配合学校关于校园精神文明建设和培养学生良好行为规范等方面的工作,并取得了良好效果。寝室内部合理分工,团结协作,维护良好的寝室环境。每个寝室都制定了卫生值日表,轮流清扫公共区域,自觉整理个人卫生,使寝室保持干净、整洁;围绕寝室"家"文化建设,对寝室进行了精心的装饰,改善了寝室环境。同时,班干、团干对寝室卫生情况进行监督。此外,还定期在寝室内展开课业讨论、知识讲解等活动,同学们相互学习,力求共同进步。在2017年秋季学期学院"寝室文化节"的评比活动中,各寝室严格遵守学校及学院关于公寓管理的各项规章制度,获得了"创意型寝室"等荣誉称号;寝室质量抽评结果也远远高于其他班级。

四、依托活动载体,强化队伍素能,丰富创建内涵

该团支部坚持学习兴检、纪律束检、文化育检的目标,依托活动载体,深入开展一系列健康有益的主题团日活动来丰富其工作内涵,力求将同学们打造成为一支品德过硬、青春焕发的队伍。2017年12月21日,班级组织开展以"励志成长·飞扬青春"为主题的第一次团日活动;2018年4月、9月分别开展以"建优良学风·展英才风采""守望乡愁·共度中秋"为主题的团日活动。在活动中,全体同学积极参与,充分展示才华,在实践中锻炼自己,同时增强了团支部的凝聚力、影响力和战斗力。

在今后的工作中,该团支部将继续坚持学习贯彻落实党的各项方针政策,以习近平新时代中国特色社会主义思想为指导,全面提高自身建设,团结务实,在原有的基础上,进一步解放思想,拓宽思路,努力开创新局面。

德业双修　学而不厌

——记校"三好班级"数据科学与人工智能学院1701612班

数据科学与人工智能学院1701612班是一个由36人组成的集体，每个同学都积极向上，意气风发，营造了团结互助、活泼进取的班级氛围。他们怀着对知识的渴望、对梦想的向往、对生活的热爱，朝着共同的目标努力奋斗。在辅导员苏军老师和责任班教师朱英坤的带领下，班级形成了良好的班风，同学们也在接触和交往中彼此建立了深厚的友谊，使1701612班成为一个积极向上的集体。

在思想建设方面，该班同学积极上进，有坚定的政治方向，能自觉践行社会主义核心价值观，认真参加各种政治理论学习和思想教育活动，扬正气、树新风，敢于批评、制止不良言行。班级干部充分发挥模范带头作用，积极肯干，以身作则，热心为同学服务。目前，该班预备党员和正式党员已有12人，入党积极分子9人，其他同学也在积极向党组织靠拢，并跟随入党积极分子一起了解时事政治，利用课余时间在寝室观看学习强国APP视频。在集体活动中，同学们都能发扬吃苦耐劳、艰苦奋斗的优秀品质。

在学风建设方面，该班同学勤奋好学，学习氛围良好，有不懂的问题一起讨论和沟通，在党员"一帮一"互助小组的帮助下，在辅导员老师的监督、引导下，该班同学都积极向上，努力学习，不断进取。在这种浓郁的学习氛围中，多名同学多次获得国家励志奖学金、校级奖学金，国家级、省部级专业技能大赛团体奖和个人奖等奖项，以及三好学生、优秀班级干部等荣誉称号。

该班同学不仅学习优异，思想进步，还积极参加校院各类活动，践行校园文化理念。在辅导员老师的带领下，他们多次参观校园文化馆，并撰写参观心得。在他们的共同努力下，该班的每间寝室卫生都十分整洁，寝室成员文明礼貌，秩序良好，多次获得优秀寝室称号。

该班还通过主题团日活动和德育学分班会促进同学们身心健康。每周班会上，班级干部统计德育学分开展情况，进行总结，会后进行整改。辅导员老师也会不定期参加班会并进行思想教育，做到全面引领。特别是该班开展的"壮丽七十年，奋进新时代"主题团日活动，在2019年秋季学期优秀团日活动评选中获得优异成绩。

忆往昔峥嵘岁月稠，成绩固然重要，但未来仍有可期。因为这个班集体一直在努力，他们没有停下前进的脚步，一起追随美好的未来。

自强不息　拼搏进取

——记校"三好班级"机电与汽车工程学院1802402班

1802402班由30名来自全国各地的青年共同组成。经过一年多的学习和生活，班级全体同学正逐渐走向成熟。在德育导师顾鹏鸣的关怀下，在学院领导、辅导员老师周启新的指导下，班级逐渐形成了"自强不息、拼搏进取"的班风，在思想、学风、班级建设和文体活动等方面都取得了较优异的成绩。

第五篇　优秀班级篇

在思想建设方面，该班积极向党组织靠拢，现有预备党员 2 人、入党积极分子 14 人。该班积极开展关于党的知识学习活动，利用早自习观看新闻、晚自习开展讨论等形式了解时事政治。同学们注重理论与实际结合，积极参加各类志愿服务活动。在班委成员的带领下，他们通过清理校园白色垃圾和积雪、搬运桌椅、植树、做大型活动志愿者等形式践行华德的校园文化理念。此外，该班同学有 10 人在校院学生组织工作，在不同岗位为建设美好校园发挥着作用。

在德育建设方面，德育导师顾鹏鸣注重同学们德育、智育、体育等方面协调发展，在班级设置读书角并赠予图书，经常深入寝室与同学们进行思想交流，走访了解他们的学习情况，并通过开班会、推送文章和信息让他们坚定理想信念，树立正确的人生观、价值观。在她的引导下，同学们积极向上，大一学年班级德育学分良好率为 93%。

在学风建设方面，辅导员周启新老师坚持每天深入班级，关心同学们的学习情况，主动与任课老师沟通了解同学们的学习状态，帮助他们解决学习上的各种困难。系主任、责任班导师、专业导师定期开展学习座谈会，进行学业指导。此外，在周启新老师的建议下，班级成立了学习小组，设置学习小组组长并制订了各组的学习计划，组长根据组员的实际学习情况制定学习方案，重点进行扶优抓差工作。学习小组开展以来，同学们不仅提高了学习效率，攻克了学习难关，还增进了他们之间的感情，培养了他们的自学能力。2019年春季学期,班级平均分达到81.52分,有11名同学获得校级奖学金,付中豪同学获得了国家励志奖学金。

在班级建设方面,首先实行严格的日常管理。该班同学大一学年出勤率为100%,无旷课、早退记录。在德育导师和辅导员的建议下,班级创新了课前五分钟演讲模式,采用PPT进行演讲的新模式,使演讲更加多样化。同时,坚持开展晨读结束后进行新闻播报,让同学们了解时事政治。其次,建设独特的寝室文化。该班每一间寝室都有自己的主题和风格,其中8314寝在2018年度寝室评选中获得了"最佳创意寝室"称号。该班还定期召开寝室长会议,沟通各寝室成员日常表现,每天晚上由寝室长在班级QQ群里上传寝室成员在寝视频,生活班长负责在熄灯前检查各寝室卫生情况。经过同学们的不懈努力,在过去的一年,该班寝室优秀率达91%。

学习之余,该班同学积极参加校院组织的各类文体活动并取得了较好成绩。入学至今,同学们取得了多项荣誉:谢志铭、暴英健同学获得学院"达人秀"第二名;李兆年同学参加学校体育联赛男子篮球赛并获得冠军;付中豪、谷昱达同学参加校制图大赛获得三等奖;冉令元同学参加校焊接大赛获得二等奖;吴宗帅、暴英健同学在新生军训中获得"优秀口语教官"荣誉称号;王金鑫同学获得图书馆"优秀馆员"荣誉称号;谷昱达同学获得第十五届体育节"先进个人"荣誉称号;卢洪泽同学获得哈尔滨华德学院"优秀寝室长"荣誉称号;赵竞阳同学获得"2018年度黑龙江省学生雪地球冠军杯赛"第一名……

自强不息,拼搏进取,1802402班奋勇向前。

勤奋学习　永不止步

——记校"三好班级"建筑与土木工程学院1703111班

1703111班在学校、学院领导与老师的关心下,在全班同学的共同努力下,取得了优异的成绩。该班有2人荣获国家励志奖学金,5人获一等助学金,8人获二等助学金,10人获三等助学金;获校级一等奖学金3人、校级二等奖学金5人、校级三等奖学金7人。

回顾两年多的大学生活,1703111班在28位同学的爱心浇注下不断成长。她饱含了同学们奋发向上的身影,充满了大家昂扬的斗志,同时也凝聚了28位成员为使班集体更加优秀而付出的辛勤汗水。如今,1703111班在同学们的团结合作下,成长为一个优秀的大家庭。

一、强大的凝聚力是班级的灵魂和精髓所在

该班一直把增强班级的凝聚力作为最重要、最紧迫的工作。两年来,通过参加校院大型活动、举办团活动和各种趣味活动、开展学习生活交流等途径,促进了班级成员之间的团结与合作。在平时的生活学习中,大家践行"大爱、责任、荣誉、合力、坚韧"的华德精神,贯彻落实华德理念。该班围绕"三个尖子"的培养,开展素质拓展、学生学习讲座等集体活动。在活动中,同学们找到了自己的发展方向,全面提升综合素质。1703111班全体同学和睦友好,并把创建"优秀班级"作为奋斗目标,共同致力于班级的建设与发展。

二、党员的先锋模范作用是班级发展的重要推动力

1703111班现有党员1名、预备党员5名、入党积极分子7名。他们以身作则,无私奉献,带头组织班级各项工作,带领全班同学结合专业学习,不断加强习近平新时代中国特色社会主义思想的深入学习,提高思想认识水平,积极向党组织靠拢。他们充分发挥先锋模范作用,为班级发展注入了强大的动力。班干们团结互助,协作共进,踏实认

真,积极进取;同时,他们注重工作方法,较好地调动其他同学参与班级事务的积极性和创造性,为班级建设提供了强大的动力。

三、学风建设是营造良好班风的关键

坚持学风建设、营造良好班风是班级建设的关键。1703111班注重加强以良好学风为核心的班风建设,努力形成浓厚的学习和协作氛围。一方面,学委平时组织同学们集中上自习,进行学习交流沟通,争取做到有问题及时解决。另一方面,该班利用晨读时间进行集体晨读活动,更好地学习与巩固专业知识。土木专业的学生只掌握理论知识是行不通的,因此,同学们在实践中积累经验,不断提升自己的实力。在老师的指导下,他们独立承担并完成实验项目,信息的收集、方案的设计、项目实施及最终评价,都由他们自己完成。

四、营造寝室文化、做优秀华德人是班级的奋斗目标

维护和保持整洁的寝室卫生是学生养成良好行为习惯的开始,也是学生培养独立自主能力的重要基础。因此,该班从入学开始便在辅导员的带领下,注重寝室文化建设,制定寝室作息制度和寝室安全管理细则,合理安排值日生轮流表。两年来,该班寝室卫生状况良好,在学院的寝室文化评比中也获得较好的成绩。其中,获得"最佳卫生奖"的寝室有11间,寝室优秀率100%,5人获得"优秀寝室长"荣誉称号;2605等五间寝室获得"标兵寝室"称号;2608等五间寝室获得"优秀寝室"称号;2605、2608被评为文明型寝室。

五、促进班级每一位成员全面自由发展是班级建设的中心工作

培养有本领、有担当、能独当一面的华德人,是该班每一位同学的成才目标。因此,同学们都能很好地根据自己的实际情况,在思想教育、学生工作、文体活动等方面实现自身素质的发展。该班有校级学生会成员2人、院级学生会5人、社团副部长1人,该班同学获得院级、校级、市级和省级各类奖项累计20余项。

路漫漫其修远兮,吾将上下而求索。1703111班将继续秉承"诚毅、求真、笃学、强技"的校训,和全校所有班集体一起团结共进,携手合作,为促进学校学风建设再上新的台阶而努力奋斗!

团结友爱　奋勇争先

——记校"三好班级"艺术与传媒学院 1604411 班

1604411 班共有 25 人,其中有党员 3 人、入党积极分子 9 人。该班同学思想积极要求进步,道德品质优良。三年来,在学院领导的关心指导下,在班级辅导员老师孙洪鹏和责任班导师高亚军的教育、引导下,全体同学同心同德,群策群力,在班级建设、思想建设、集体活动、学习成绩、生活等方面均取得较好的成绩,受到领导和老师、同学们的认可及好评。

一、在学习中书写青春的力量

1604411 班的同学们有着明确的学习目标,组织管理严格,每天上课前,学习委员付佳宁同学都会组织考勤;课后,同学们相约图书馆、自习室完成课后作业,专业成绩好的同学会主动帮助专业能力弱的同学。同学们在学习中奋勇争先,对学习有着执着的热爱与坚守。正是因为他们对专业知识学习的勤奋刻苦和坚持不懈,该班的学习风气越来越好,并荣获2018年秋季学期"三好班级"荣誉称号;在2018—2019学年度,班级整体学习平均分为84.22分,学年排名第一;获得校级奖学金32人次、国家励志奖学金4人次、国家奖学金1人次。同学们不断坚定学习目标,互帮互助,共同成长和进步。

二、在赛场上挥洒青春的汗水

"越自律,越成功",他们用实际行动践行着这句话。从2019年秋季学期开始,他们相互提醒参加早操活动,在大家的共同努力下,该班荣获学校"优秀早操班级"称号。此外,他们还积极参加各项文体活动,在运动会上,他们用自己的青春汗水,淋漓尽致地展现出极强的班级凝聚力和战斗力。

三、在活动中塑造青春的姿态

他们积极参加每一次班会和团日活动。班会上他们积极发言,总结自己的不足,规划自己的努力方向;在团日活动中,他们积极参加筹备工作,充分展示自己的聪明才智;在学校的学生科技节活动中,他们更是全员参与,根据自己的特长提交参赛作品,共有5人次获奖;在第一届校园达人秀活动中,该班共有10人参加初赛,其中3人进入学院的决赛现场。三年来,该班同学每天坚持进行课前五分钟演讲,从未出现过旷讲、替讲等现象。不仅如此,他们还积极参加各种专业大赛,在第十届全国大学生广告创新创意大赛中全员参赛,共有20人获奖;2018年秋季学期他们全员参与黑龙江省科学技术协会牵头的科普宣传短片制作,制作的科普宣传动画短片得到省科协领导的认可和肯定。

四、在生活中感受青春的温情

1604411班是一个团结友爱、互相帮助的集体。在寝室,同学们和睦相处、彼此关心,积极营造良好的学习、生活氛围。在2018年春季学期学院的寝室卫生评比中,2622寝室和6709寝室被评为"优秀寝室"。在集体劳动中,他们多次参与校园内清雪、卫生维护、搬运桌椅等工作,表现突出。

1604411班是个凝聚力强、敢闯敢拼的班集体。他们团结友爱、奋勇争先,用实际行动践行学校的育人成果!

第五篇　优秀班级篇

以管促学　凝心聚力

——记校"三好班级标兵"经济管理学院 1805412 班

1805412 班是一个由 34 名同学组成的班集体。这是一个民主、温暖、和谐的班集体，他们拥有良好的班风——博观而约取，厚积而薄发，支持宽容，团结而凝聚；这是一个求知型的集体，他们拥有浓厚的学风——博学之，审问之，慎思之，明辨之，笃行之；这是一个团结的集体，他们拥有温馨的寝风——寝室因和谐和包容而温馨。1805412 班是一个激情飞扬、活力四射的集体，同学们团结友爱、自强自信的集体。他们挥洒汗水，一步一个脚印，共同努力，共同成长，共同进步，在思想政治素养、班风学风建设、社会活动等方面，都取得了较好的成绩。

一、精心策划，不断提升思想政治素养

在辅导员老师任泽鹏的引导和全班同学的共同努力下，1805412 班在思想道德教育工作和思想觉悟方面有了较大提高。同学们认真学习习近平新时代中国特色社会主义思想，积极要求进步。他们通过坚持观看新闻联播、组织阅读《别让大学毁了你》并写读后感、学习"我的大学"主题报告、开展"认真备考，诚信考试"主题班会等一系列思想教育活动，统一了思想，明确了奋斗目标，为思想教育工作打下了坚实基础。该班一直将加强思想政治素养作为重点，定期组织同学们学习党团知识。该班现有预备党员2人、入党积极分子4人，其中一名同学在2019年秋季学期党校培训班中荣获"优秀学员"荣誉称号。

二、完善制度，不断形成良好班风

俗话说"没有规矩不成方圆"。一个良好的班集体的形成首先要有完善的班级规章制度，以好的管理来规范同学们的纪律作风，促进其学习生活。在班风养成上，该班多次组织学习《哈尔滨华德学院学生手册》，同学们认真遵守有关规定，做到严于律己、不违反校纪校规；在一年多的学习生活中，无安全事故和违纪事件。在同学们的共同努力下，该班获得省级奖项一项，20余名同学获得校级、院级奖项。同学们有着较强的责任感与集体荣誉感，积极参加学校及学院组织的各项活动，热情高涨。他们将班集体利益放在第一位。在全体同学的共同努力下，2018年秋季学期荣获华德学院经济管理学院优秀团支部"最佳风采奖"荣誉称号。

三、以管促学，不断营造良好学风

班集体的优秀首先体现在良好的学风建设上。营造良好学风和学习环境，是该班建设的重中之重。班干部带头学，以优促优，激励同学们通过加强学习来营造良好学风。辅导员、责任班导师采取"教""管""学"相结合和"以管促学"的指导方针，通过对同学们日常作息和行为的严格管理，来督促他们做好各项常规工作。在此基础上，该班从入学伊始就严格按照《哈尔滨华德学院学生手册》规定每晚组织晚自习。在班委的带领下，该班形成了一种"比、学、赶、超"的学习氛围。同学们经常一起讨论学习上的问题，互帮互助，共同进步。学习成绩优异的同学会尽自己最大的努力帮助暂时落后的同学排解学习上的障碍，调整心态，并鼓励他们。一分耕耘，一分收获，在大家的共同努力下,该班以82.25的成绩取得了2019年春季学期经济管理学院学年第一的好成绩。

四、齐心协力,突出班级集体观念

作为班级的领导核心,该班班委分工明确,责任到人,班级日常管理稳定有序,班委之间密切配合,组织各种丰富多彩的活动。

寝室管理是班级管理的一项重要内容。寝室寝风健康向上,寝室卫生干净整洁,同学们有较强的安全意识,无使用违禁电器的情况出现,无安全事故发生。多间寝室多次获得"优秀寝室"荣誉称号。

在集体劳动中,该班表现也很突出。不用班干部过多强调,同学们都是自发地参与到劳动中。当班里有同学生病时,其他同学都会及时送上关心与祝福。集体活动时从不会因为个人原因而推脱自己应尽的责任。

在体育节和运动会等文体活动上,同学们也都充分展示自己的能力,取得多项个人荣誉,为班级增光添彩。成功的背后凝结着全体同学的汗水,1805412班将更加团结一致,锐意进取,齐心协力,秉承"诚毅、求真、笃学、强技"的校训,用青春和热情,迎接明天新的挑战!

携手梦想 团结奋进

——记校"三好班级标兵"外语学院1706111班

1706111班是一个朝气蓬勃、团结向上的班集体。该班共有35名学生,其中男生5名,女生30名。在两年多时间里,该班努力营造良好班风和浓厚学风,精心制定班级管理方法,科学有效管理班级,积极开展班级精神文明建设,力争使每一个同学在这种和谐的氛围中健康发展。在全体同学的共同努力下,该班各方面成绩突出。

发生在身边的故事

一、思想进步，方向明确，积极向党组织靠拢

在学院领导和老师的正确领导下，在班委会和团支部的带领下，该班全体同学在思想认识上取得巨大进步。他们拥护中国共产党的领导，关心时事政治，有强烈的社会责任感和使命感，在学习、生活中不断提高自身素养，积极向党组织靠拢。目前，该班已有入党积极分子7名，预备党员1名，发展对象2名；他们坚持每天在学习强国APP上学习，此外，还积极参与党的理论学习晚自习活动。

二、态度严谨，目标明确，营造积极向上的学习氛围

该班早自习出勤率较高，除特殊情况请假的同学外，其他同学都能准时到达教室进行自习；课余期间，大部分同学能主动去图书馆学习。目前，该班平均分80.7分，班级干部平均分达到了81.9分，且无挂科情况。2019年秋季学期，该班水静静同学获得了国家奖学金，黎文冲和杨一桂同学获得国家励志奖学金。在专业证书的考试中，该班已有21人通过英语四级考试；4人通过英语六级考试，有4人通过英语专业四级考试，其中水静静同学以80分的高分达到优秀水平；还有1人通过英语三级翻译考试。

三、建立核心，完善制度，形成有效的班级管理机制

两年来，班委们始终秉承"以人为本，以班为纲"的治班理念，并将其作为班级管理

的指导思想。班干部密切协作,不仅按要求完成了学院安排的各项任务,而且能够创造性地开展富有特色的活动。班委会工作最大的特点就是有计划、有制度、有总结。团支部尽最大努力为班集体服务,开展思想教育,努力引导同学们向团组织和党组织靠拢,使他们在提高能力的同时思想素质也得到进一步提高。在辅导员老师的带领下,班委会和团支部根据班级的具体情况,制定并逐步完善班级管理制度。

四、积极行动,热情参与,努力提升自身综合素质

在文体活动方面,该班同学积极参与各项活动并取得较好成绩。在2019年10月举办的"外研社杯"英语阅读大赛中,该班共31人参赛,其中获得特等奖2人、一等奖6人、二等奖7人、三等奖3人;同期的"外研社杯"英语写作大赛该班有32人参加,其中1人获得特等奖、3人获得一等奖、4人获得二等奖、6人获得三等奖;2019年11月中旬,外语学院举办了包括大一至大三的少儿英语教学大赛,该班共有13人参赛,其中有三支队伍进入了决赛。

携手梦想,团结奋进,这就是外语学院1706111班,他们将继续努力,共同创造美好的明天。

朝气蓬勃　文明守纪

——记校"三好班级标兵"服装学院1807111班

服装学院服装设计与工程系1807111班是一个由39人组成的集体。他们积极向上,意气风发,怀着对知识的渴望、对梦想的向往、对生活的热爱,朝着共同的目标努力奋斗。虽然他们来自不同地方,有着不同的生活经历和性格特征,但经过一段时间的接触和交往,同学们彼此建立了深厚的友谊,使班级成为一个团结奋发、积极向上的集体。在共建优秀班集体的过程中,他们留下了一串串引以为傲的足迹。

发生在身边的故事

一、班风建设方面

求真务实,勇于担当是1708111班的班级风貌。班委们各司其职,尽心尽力,办事效率高。同学们积极配合班委的工作,主动参加班级各项活动。尤其是军训期间,同学们顶着烈日,挥洒着汗水,在操场上留下他们飒爽的英姿,由于表现突出,他们荣获"军训优秀学员"等称号。在寝室长的带领下,同学们认真打扫每一间寝室卫生,在学院寝室卫生评比中,荣获"文明寝室"称号。此外,他们积极承担校学生会、校社联、院学生会等部门的工作,有青年志愿者协会干事、校社联技术部的干事、校广播站的成员、校新闻部编辑、院学风建设部、组织部、纪检生活部成员等,为学校及学院各项活动的开展贡献自己的力量。

二、学风建设方面

该班同学以小组的形式取长补短,相互促进、相互学习。为端正同学们的学习态度,避免出现来到大学后的懒散,学习委员带领大家自觉分组,进行小组评比学习,并组织同学们进行早晚自习,形成了良好的学习氛围。此外,同学们主动参加演讲比赛、诗歌朗诵比赛等,锻炼自己各方面的能力,丰富了大学的学习生活。

三、团学建设方面

在服装学院团总支的带领下，1807111 班团支部不断向党组织靠拢，积极配合学院团总支组织开展各项工作。同学们积极申请入党，团支部现有入党积极分子 20 人。他们追随着党的脚步，结合时事开展有特色、有意义的团日活动，在思想与行动上积极向党靠近，承担青年一代的社会使命。

第六篇 优秀个人篇

党的十九大报告指出:"要全面贯彻党的教育方针,落实立德树人根本任务,发展素质教育,推进教育公平,培养德智体美全面发展的社会主义建设者和接班人。"哈尔滨华德学院结合办学实践所积累的经验,提出了"侧重个性培养,全员成才教育"的育人理念和推进素质教育,培养学习型、技能型"双尖型"人才的思想,培养了一批品学兼优的学生。

　　成为社会有用之人才,是每一个学生的愿望。在大学四年的学习生活中,我们应怎样度过、怎样努力使自己成为社会有用之人才,是每一个学生从跨进校门的第一天起就应该思考的问题。下面几则优秀学生的故事,从不同的角度给我们以启发思考。

励志楷模　开拓先锋

——记2016"感动呼兰"年度人物电子与信息工程学院学生程梦圆

程梦圆,电子与信息工程学院2014级学生。面对生活的困顿,她自强自立,勤工俭学,还主动帮助生活困难的考研学姐。她两次获得国家励志奖学金,多次获得学校特等奖学金、一等奖学金。大一学年一次性通过全国大学生英语四、六级考试,并获全国大学生数学建模大赛黑龙江省赛区一等奖、大学生英语阅读大赛二等奖。先后担任学院大学生法学协会副会长、班级学习委员。2016年,品学兼优的程梦圆获评2016"感动呼兰"年度人物。

"她把奋斗当作人生的支点,演绎出有志者、事竟成、苦心人、天不负的励志传奇。成就梦想,你是大学生的励志楷模;奉献时代,你是大时代的开拓先锋!"

程梦圆出生于江苏省丰县一个农村,高考填报志愿时,她选择了哈尔滨华德学院,独自一人坐着拥挤的火车硬座,从南方小城来到了中国版图最北的黑龙江。拖着行李箱,拎着大包小包,包的最外侧放着红色的哈尔滨华德学院的录取通知书,虽然旅途有些劳累,但她脸上始终洋溢着灿烂的笑容,看着眼前如画的校园,感受着同窗校友的热情,她想,这里就是圆梦的地方……

一、不懈努力,笃学强技

"知识改变命运,学习成就未来",这是程梦圆一直坚持的信念。华德学院这所"诚毅、求真、笃学、强技"的高校,创造了一个又一个奇迹:有在校期间即取得国家发明专利授权的姚辉兴、侯帅丞、朱经纬;成功考取清华大学硕士研究生的董常青;获得英国约克大学博士学位的王原;获评全国"最美青工"后受到李克强总理接见的"全国技术能手"臧铁军;创办市值2亿的上市公司董事长孙甲子……学校的"三个尖子"培养目标孕育了无数的杰出人才。而一位位学长、学姐的成功,更给程梦圆带来了希望和动力。

在明确了学习目标后,程梦圆制订了严格的学习计划。她上课认真听讲,有疑惑和想法的地方及时与老师探讨,与同学交流学习心得。课余时间她经常泡在图书馆,浏览时事,查阅资料,有时甚至忘记了吃饭。她的不懈努力换来了骄人的成绩:两次获得国家励志奖学金,多次获得校一等奖学金、特等奖学金,学习成绩一直在年级名列前茅。她大一学年一次性通过了全国大学生英语四、六级考试。追求更高、更强,在她身上充分体现出了荣誉与坚韧的华德精神。

受学校"千项大奖"的鼓舞,程梦圆在努力学习专业学习知识的同时,报名参加了全国大学生数学建模大赛。通过去图书馆和上网查阅资料,向指导老师不断咨询,与团队组员相互讨论、反复修改和推敲方案,三天两夜的设计和完善,她获得了全国大学生数学建模黑龙江省赛区一等奖,为学校千余奖项又添一金。

二、乐观向上,奉献爱心

"勤工俭学不仅让她学会了在社会中如何与人沟通,也学会了如何靠自己的能力在社会中生存。"为了减轻家里的负担,程梦圆课余时间都会勤工俭学。她在学校提供的勤工俭学岗做过力所能及的工作,还做过餐厅服务员,站在街头发过传单,也当过英语家教。"虽然有时候东奔西跑忙得顾不上吃饭,但是这些经历都让我体会到了生活的艰辛和自食其力的快乐。"

通过兼职,程梦圆还认识了很多朋友,其中有一位还是华德学院的考研学姐。这位学姐因为没钱买最新的考研书,只得借别人的旧书看,复习期间舍不得买好的饭菜,导致用脑过度头晕眼花。程梦圆了解到她的情况后,虽然自己的生活费也很微薄,但她还是毫不犹豫地把自己兼职挣来的500元钱全部交到了学姐的手里,让她多买些营养品和复习资料,预祝她考研成功,早日实现自己的梦想。

在学校,程梦圆积极参与课外活动。在众多的学生社团中,她选择了爱心社团,并在全国志愿者服务系统注册,积极参与学校、学院组织的各种志愿服务活动,多次被评为"优秀志愿者"。"在老年公寓虽然只是帮忙扫扫地、整理被褥、谈谈心这样的简单活动,但是只要我的出现能带给他们一丝暖意,那么一切都是值得的。因为我想通过自己微小的力量帮助到更多的人。"

三、充满热忱,收获快乐

凭借较强的工作能力和良好的沟通能力,程梦圆先后担任班级学习委员、校法学协会副会长。身为学习委员,对于落后的同学,她总是不厌其烦地劝导、督促;对于学习有困惑的同学,她都会主动帮助答疑解惑,开展"一帮一、一帮多"的学习互助;对于英语四、六级考试没有通过的同学,她还会带动他们一起去图书馆,并成立小型的英语学习小组,帮助他们提高英语成绩,顺利通过考试。"在帮助他们的同时,我也收获了无法言喻的快乐。"

发生在身边的故事

程梦圆还根据自己的爱好参加了法学协会,"一次次的演讲、一次次的展板宣传,都是想服务更多的人,提高师生的法律意识。"她用热忱的心来帮助他人,获得了师生的赞许和认可,连续三年被评为校"优秀学生干部",连续两年被评为校"优秀团干部""百佳青年"。

"母校关怀心底藏,栽培恩泽永难忘。欣看桃李繁枝果,仰望启峰登顶畅。亲切师生常入梦,悠闲草木总萦肠。问渠湖畔书声朗,图书馆内奋图强。我与华德共圆梦,同谱母校新篇章!"通过大学四年的洗礼,程梦圆逐渐明白,没有什么不可能发生。要保持生命的热情,不管你是多么卑微,都要尽力伸展自己的枝叶去触摸蓝天。要相信,有一颗灿烂的心,就一定会收获灿烂的果实!

朝夕奔梦　始自华德

——记艺术与传媒学院1604411班刘畅

刘畅,来自艺术与传媒学院1604411班。在华德的学习与成长经历,成为她宝贵的财富。

姓　　名：刘畅
班　　级：1604411班
专　　业：动画
政治面貌：中共党员
学习成绩：93.28分
职　　务：班长
艺术学院第十二届学生会副主席

2016年秋季学期获得校级一等奖学金；
2017年春季学期获得校级一等奖学金；
2017年秋季学期获得校级一等奖学金；
2018年春季学期获得校级一等奖学金；
2018年秋季学期获得校级一等奖学金；
2019年春季学期获得校级一等奖学金；
2017年获得国家励志奖学金；
2018年获得国家励志奖学金；
2019年国家奖学金候选人；
2018年春季学期获得省级"三好学生"荣誉称号；
2017年获得主持人大赛"先进个人"荣誉称号；
2018年春季学期获得第五届读书节"先进个人"称号；
2018年春季学期获得学生科技节摄影类二等奖；
2018年暑期社会实践活动三下乡"先进个人"称号；
2018年获得大广赛黑龙江赛区优秀奖；
2018年春季学期发展对象党可培训班"优秀学员"称号；
2018年获得哈尔滨华德学院"优秀学生干部"荣誉称号；
2018年春季学期获得达人秀"先进个人"荣誉称号；
2019年春季学期获预备党员党课培训班"先进个人"荣誉称号。

一、县城女孩苦学不辍，走向职高生的理想学府

2013年的秋天，无缘县城的重点高中，极度内向加上中考失利的她，始终不敢正视别人的目光。为了走出小县城，实现自己的大学梦，她成为县城职业高中工艺美术专业的一名高一新生。她坚定学习目标，苦学专业课。特别是心急的她遇上较难的3D课程，经常是边学边哭。功夫不负有心人，她最终考入华德，也就是在这里，开启了她"雏鹰练翅"的新征程。

二、阳光姑娘励志拼搏，成长为自信优秀的华德人

经过开学第一课的洗礼后，她更加笃定了自己的大学目标，努力要向孙甲子、赵凤舞等优秀校友学习，从优秀向卓越的目标迈进。

在辅导员孙洪鹏老师、系主任高亚军老师的引导下，她成功竞选成为班级班长和学院学生会组织部的一名干事，并从干事过渡到组织部部长，再成长为学院学生会副主席，也就是在这里，开启了她勇于追梦、快乐难忘的大学生活。

入学以来，每学期她都能获得学校一等奖学金，两次荣获国家励志奖学金。2018年秋季学期，她参加了第十届黑龙江省大学生广告创新设计大赛，并荣获优秀奖。

努力付出、全力奔跑的阳光女孩得到了老师和同学的认可。作为班长，她带领班级同学先后获得了学校"优秀早操班级""三好班级"的荣誉,班级学习成绩以84.22的平均分位列学院第一。怀着对党组织的无比崇敬和执着追求,2018年11月12日,她正式成为一名光荣的共产党员。

三、顽强女子逆风飞翔,用热情拥抱未来生活

毕业季也是收获季,她一直以来拼搏上进、永不止步的梦想追求,使她收获了世界500强企业吉利集团的offer,当接到录取通知的那一刻,她欣慰地说,我可以为自己的大学生活画上一个圆满的句号了。这时,她的父亲却查出了肝病,每三个月就需要到医院复查,并且终身服药。为了能够在父母身边尽孝,她毅然决然地辞去了吉利集团的工作。同时为了减轻家里负担,她开始了在平房、呼兰每天"两头跑"的实习生活,成为文化教育机构的一名班主任。

越努力,越幸运,越自律,越成功。原定三个月的实习期她只用了一个月就被正式录用,单位领导还给她分配了一个代表着校区形象的优班,并配备了一名副班任。在华德课前五分钟演讲品牌活动的锻炼下,她得到了领导的充分信任,在刚入职的第四个月就承接了公司年会的主持工作,也是在那次活动中,她又一次成功地亮出了华德优秀学子的名片。

"感谢母校对我的培养,感谢老师对我的帮助,感谢同学们的相处让我更热爱生活。学校已经为大家提供了平台,所以勇敢地奔跑吧,不论起点如何,只要有了目标,就一往无前吧,生活从来不会亏待每一个努力向上的人!"

严于律己　追求卓越

——记数据科学与人工智能学院170111班白新乐

他是来自数据科学与人工智能学院计算机科学与技术专业170111班白新乐,中共党员。回首进入大学的这两年多的时间,他一直秉承"诚毅、求真、笃学、强技"的校训,在学习中践行"大爱、责任、荣誉、合力、坚韧"的华德精神。在和谐的校园氛围中,他正在稳步前进,不断地向着自己的理想接近。想要成为一个对社会和国家有用的人,他深知必须在各个方面严格要求自己,向着自己心中的目标不断拼搏奋斗。在校期间,他学习认真刻苦,尊敬师长,团结同学,一直保持着积极向上的态度。

他在大学期间获奖情况:2017年秋季学期,获大学生"优秀学兵"称号;2017年秋季学期,获校级一等奖学金;2018年春季学期,获校第十届大学生程序设计竞赛优胜奖、甲骨文"ORACLE程序设计大赛"优秀奖、校级一等奖学金;2018年秋季学期,获校级一等奖学金;2019年春季学期,获黑龙江省"三好学生"称号、校级特等奖学金、华为ICT大赛黑龙江赛区二等奖、网络技术挑战赛东北赛区二等奖,以及哈尔滨华德学院升国旗手资格状、"优秀共青团员"称号;2019年秋季学期,获校级一等奖学金、国家奖学金,在黑龙江省大学生创新创业大赛中,所参加的项目"玖美云计算科技有限公司"及"圆梦网络系统工作室"分别荣获国家级、省级指导项目,以及新时代先锋宣讲团"优秀宣讲员"称号。

大学期间正是人生观、世界观、价值观形成的重要时期。在大一的关键时期,他坚定了自己的信仰,系统全面地学习马克思主义理论,积极参加党课培训,向党组织靠拢,

时刻保持自身的先进性。在思想行动上为同学们树立良好的榜样,虚心求教,接受同学们的监督,通过了党组织的考察,在2018年11月9日加入中国共产党。作为新时代的大学生党员,他在着力推进思想解放、锤炼党性修养、确保思想政治受洗礼方面始终冲锋在前。他率先垂范,为身边患病同学捐款献爱心,真正做到为身边同学办实事、办好事。

"知识是人类进步的阶梯",他坚信"生活不会亏待每一个辛苦付出的人"。在专业知识学习上,他一直以积极认真的态度对待,脚踏实地,走好每一步,上课认真听讲,课后积极复习,不仅仅满足于课本知识,更注重拓宽专业视野,了解专业前沿知识和研究领域。展望未来,他依然会努力学习,力争上游,坚持刻苦钻研,砥砺前行,做新时代的优秀大学生。

他秉承艰苦奋斗的理念,向着既定的目标努力前进。"既然选择了进入大学的殿堂,我们就要时刻明确自己的位置,在心中点亮一盏明灯,让它指引人生的方向。纵使前进的道路上荆棘无数,也要披荆斩棘,让青春无悔,用实际行动谱写属于自己的美丽人生。"他曾担任校国旗护卫队训练部干事,圆满完成各项升旗仪式;担任2018级新生辅导员助理、2019级党员志愿者,积极配合老师工作,认真完成老师交代的任务。现担任数据学院学生会副主席、数据学院"初心晚自习"负责人。

采得百花成蜜后,虽是辛苦亦是甜。在未来的生活、学习和工作上,他也将加倍努力,化成绩和荣誉为动力,不断地提高,不停地挑战,为实现理想而不懈奋斗。

让青春在奋斗中闪光

——记机电与汽车工程学院1702711班王一品

王一品,中共党员,机电与汽车工程学院1702711班学生,曾获得校一等奖学金两次、校特等奖学金一次、国家励志奖学金一次,以及学校三好学生标兵、黑龙江省普通高等学校三好学生等荣誉称号。

第六篇　优秀个人篇

2017年秋季学期获校级一等奖学金；
2018年春季学期获校级一等奖学金；
2018年秋季学期获校级特等奖学金；
2018年获国家励志奖学金；
2018年春季学期积极分子党校培训班优秀学员；
2018年秋季学期发展对象党校培新班优秀学员；
2019年春季学期预备党员党校培训班优秀学员；
2018年春季学期"霞飞伴书声晨读队"国学二等奖；
2018年春季学期"立志成才班"优秀学员称号；
2019年春季学期哈尔滨华德学院"三好学生标兵"荣誉称号；
2019年春季学期黑龙江省普通高等学校"三好学生"荣誉称号；
2019年春季学期"弘扬廉洁文化，筑牢思想防线"征文比赛获优秀奖；
2019年秋季学期"龙江杯"先进成图技术与建模创新大赛二等奖；
2018年秋季学期(团体)全国三维数字化创新设计大赛龙鼎奖三等奖。

姓　名：王一品
专　业：车辆工程
班　级：1702711班
职　务：班长
学习成绩：92.00分
政治面貌：中共党员

"考入华德是我的幸运，我相信只要做好自己的计划，踏踏实实地去落实，高效率地去执行，就会在奋斗道路上越走越远。"他入学以来一直是这样做的。每次上课坐在第一排，认真听课、做好笔记、提前预习和及时复习成为一种常态。他在学习的过程中注重实践的积累，遇到难以理解的原理，就通过实验实践去研究。在实验室，他一遍一遍地拆装，了解机器结构，分析工作原理，实在不理解的地方向老师请教。能画出一张像打印出来的手绘图纸，一直是他的目标。无论是课程设计的历练，还是参加比赛，他都不放过每一次提高、进步的机会。有时一整天他都在画图、修图，虽然很疲倦，但他深知现在的每一笔，都是向设计工程师迈进的坚实一步。制图水平的提高是用时间磨出来的，练习册画过一遍，擦掉后再画一遍，将生活中的各种物品在头脑中构建模型，锻炼立体思维，确保优质的制图，以最快的速度成图。他参加第十届"龙江杯"大学生先进成图技术与产品信息建模创新大赛哈尔滨华德学院选拔赛，荣获个人二等奖的好成绩。他初次接触计算机软件三维制图，也是每天晚上几个小时的勤奋练习，虽然眼睛每天都是花的，但每天的进步却是真实的。他与社团成员共同学习，在成员们的通力合作下，他们在全国三维数字化创新设计大赛上获得了"龙鼎奖三等奖"的佳绩。

作为一名学生党员，良好的政治理论修养是必备的。他通过学习强国APP，坚持每天学习党的理论知识，关注时事要闻，重要的打印出来并记录学习笔记，这已成为一种习惯。他持续深入地学习党的理论知识,其政治理论修养有了明显提升,在学校纪委组织的"弘扬廉洁文化,筑牢思想防线"主题征文活动中荣获优秀奖。

在班级管理工作中,他用党员的标准严格要求自己,严格遵守校规校纪,用自己的实际行动为身边的同学树立榜样。作为班长,他在工作中始终坚持"一班之长,负责到底"的原则,积极为老师和同学服务。班级德育学分工作刚开始时,他自己先认真学习相关文件,然后多次利用早自习向班级同学宣讲;平时德育学分周记录及时公示,做到有理有据,记录可查,公开透明。

在以后的学习生活中,他会继续带着自信与热情,在追寻梦想的道路上奋斗,让青春在奋斗拼搏中闪光!

守初心、担使命,让青春发光发热

——记电子与信息工程学院1701411班高基恒

高基恒在踏入大学校门的时候,没有憧憬大学安逸舒适的生活,而是思考自己能够在这里收获多少。

顾校长的新生入学教育第一课"做优秀的华德人"给了他启示和答案,来到大学要做什么,明确自己将来要成为什么样的人。因此,他秉承着"学习是学生第一要务"的原则,在过去的两年中,抓紧分分秒秒的时间努力学习专业知识,上课时间外,他都会泡在图书馆,每天直到闭馆才回寝室,一坚持就是两年多。"宝剑锋从磨砺出,梅花香自苦寒来。"他每学期都获得了班级第一名、专业第一名、年级第一名的好成绩。作为电子与信息工程专业的学生,他深知专业技能的重要性,因此,在学习专业知识的同时,积极参加各种课外活动和专业比赛,如外研社英语演讲大赛、东北光电设计大赛、全国大学生电子设计大赛等。

姓名:高基恒
班级:1701411 班
专业:电子信息工程
政治面貌:中共预备党员
学习成绩:94.74 分
职务:学习委员

华德学院"侧重个性培养、全员成才教育"的办学理念,"三个尖子"的培养目标,激励着他朝着技能尖子的目标前进。他深知要成为技能尖子,必须通过自己的勤奋努力,使自己专业技能有大的突破。而令他收获最多并且感受最深的就是参加全国大学生电子设计大赛,那时他一头钻进了实验室做前期的准备工作,由于是第一次参加,而且比赛难度较大,还是有些紧张和慌乱。他把整个假期的时间和全部精力都投入在了教六地下实验室,这期间,他看了大量关于比赛的视频,每天都会学到凌晨两三点钟。早上八点钟准时起床,继续学习。比赛阶段,整整三天三夜,他和队友们都在进行作品的设计。为了完成任务指标,他们顾不上吃饭、睡觉,就是不停地研究,困得实在撑不住了,就趴在电脑前小睡一会儿,短暂的休息后便又立刻投入到研究当中。功夫不负有心人,在进行作品验收时,他们的作品比来自哈工大的学生作品多完成了一项指标。比赛结束后,他们紧紧相拥在一起,这段难能可贵的经历让他学会如何使用网络收集有价值的信息、如何与他人交流和沟通,并且懂得了"坚持"的真正意义,也磨炼了他的意志力,增强了创新意识。

在思想上,他积极向党组织靠拢。2017 年 9 月 5 日正式向党组织递交了入党申请书,经过半年的努力,他被确定为入党积极分子,并于 2019 年 5 月 21 日成为一名预备党员。在预备党员培训班中,他被评为党校的"优秀学员"。在党组织的培养和教育下，他时刻保持自身的先进性，并且在各个方面都严格要求自己，在思想行动上为同学们树立了良好的榜样，虚心求教，积极接受同学们的监督。

他还是电子与信息工程学院"红色＋志愿服务"系列活动之"义修华德、学以致用、服务师生"活动的负责人之一，这项活动的初心就是为大家提供最优质的服务。在专业指导老师的带领下，他义务为师生成功维修电子产品数百件。尽管维修的过程十分辛苦，但他从来没有懈怠过。同时作为班级学习委员，每一堂课他都会第一个到教室，做好考勤，组织同学们上好早自习。在学院"一帮一、一帮 N"助学工作开展的过程中，他积极监督帮扶对象的日常表现、课程的学习情况等，相互提升。

"大学四年是人生学习的黄金时期，在这段时间里，大家要全面地武装自己，在做到德智体美全面发展的同时，更要有侧重性地锻炼自己。机遇对每个人来说都是平等的，我们华德青年要守住初心、担起使命，成为生活上的智者强者，去创造、把握机遇！刻苦学习，脚踏实地，不辜负这宝贵的大学时光！"

退伍不褪色　砥砺前行

——记机电与汽车工程学院三好学生标兵 1702111 张博伦

青春是美好的，青春又是短暂的。青春是用来奋斗的，而奋斗必须有明确的目标。张博伦对此有清晰的认识和行动。

他遵守学校的各项规章制度，具有良好的思想道德品质，各方面表现优秀。他有强烈的集体荣誉感和工作责任心，一直从事学生干部工作并取得了一定的成绩，得到老师的一致认可，在同学中有着很高的威信和广泛的影响。

在思想方面，他有崇高的理想和坚定的目标，注重个人道德修养。作为新时代的青年，他始终保持积极进取、乐观向上的心态。本着退伍不褪色的原则，心中始终怀着爱国心和报国志，并努力学习理论知识，积极向党组织靠拢。他严于律己，宽以待人，在班级、学院开展的一些活动中，处处以身作则，事事起带头作用，充分发挥了党员的先锋模范作用。

在学习方面,他一直勤奋努力,刻苦钻研,在课堂上能够专心致志的学习听讲,并做好笔记,始终保持良好的学习态度,在历次考试中均列班级前茅,大一至今平均分一直保持在90分,并获2017年秋季学期、2018年春季学期、2018年秋季学期校级二等奖学金,黑龙江省大学生"龙江杯"先进成图技术创新创业大赛个人三等奖。

在工作方面,他勇于创新,开阔思维,身为班级学习委员,以身作则,给同学们树立榜样,并能够较好地完成老师布置的任务,具有强烈的团队感和班级责任感。身为班级学习委员的他任劳任怨,积极为同学服务,在课余时间和考试前夕为学习有困难的同学义务补习。在他的带动和影响下,班级学风优良,学习气氛浓厚。他充分发挥学生干部的作用,及时将同学的最新思想动态反馈给学校,当好老师和同学之间沟通的桥梁。

在生活方面,他为人热情大方,乐于助人,具有良好的生活习惯、严谨的生活态度,他所在的寝室自大一入学以来一直保持优秀。他乐于帮助身边的同学,注重合作精神和集体观念。始终保持着艰苦朴素的作风,从不铺张浪费。

他一直保持着参加体育锻炼的良好习惯,主动参加学校大学生军训教官团,担任2018级军训教官,承担2019年哈尔滨市呼兰区武装部新兵役前训练任务,并获得"优秀训练员"称号。在"博文"志愿服务队的爱心公益活动和暑期"三下乡"、社会调查活动等实践中,他继承和发扬了艰苦奋斗的精神,而且真正地体会到了社会实践是大学生"受教育、长才干、做贡献"的重要途径。

所有荣誉的获得对于他来说不仅仅是奖励,他认为更多的是对自己的鞭策,是自己不断努力前进的动力。他的动力来自自己的理想和目标,确定理想和目标后,朝着既定的目标去努力前行,去奋斗。"奋斗不会是一帆风顺的,我们不以一时之得意,而自夸其能;亦不以一时之失意,而自堕其志。不管成功与否,都要保持一个平和的心态。哪怕最后的结果是失败,你也会因为走在这条追逐的道路上收获颇多。面对未来和自我的挑战,只有奋斗,青春才可以变得色彩斑斓。让我们拿出华德人开拓的精神、创新的激情,把握有限青春,创造无限精彩!"

青春奋进正当时

——记机器人工程学院1808411班付宇

付宇,机器人工程学院机械电子工程专业1808411班,也是机器人科创协会的一员。

在华德浓厚的学术氛围中,她耳濡目染了许多优秀的学长学姐的事迹,方才明白,不仅要注重学术能力的提高,还要注重创新思维的培养;不但要注意专业知识的掌握和积累,还应注重对知识付诸实践并有所创新的能力的培养。入校以来,她没有丝毫放松对自己的要求,在思想、生活、学习上更加严格要求自己,经过不懈的努力,取得了一定的成绩:荣获华德学院第二届智能机器人竞赛一等奖、华德学院第二届"翼虎杯"无人机竞赛二等奖,荣获2018年第二届全国竞技机器人邀请赛工业机器人挑战赛一等奖,荣获2019年"邮储银行杯"黑龙江省智能机器人竞赛创新设计专项赛一等奖,荣获第八届黑龙江省高校"龙建杯"大学生创新创业机器人

设计大赛暨第七届 TRCC 全国机器人创意设计大赛北方区域赛无人机避障一等奖。她还在假期参加学院组织的社会实践活动,积累了许多宝贵的经验,从而大大提高了自己的组织能力、协调能力、交际能力和处事应变能力。

有一次,为了设计出一个作品她和同伴奋斗了一年,其中遇到的最大困难就是程序问题。"经过多次实验,我觉得这是可以成功的。"在接下来的一年里,她用自己的行动证明着。为了写程序,她每天早上六点多起床上完课去实验室,晚上九点多再从实验室回寝室,几乎达到忘我的工作境界。经过不懈努力,她和同伴终于初步设计出了一个程序,可当她满怀信心地使用这个程序时,芯片没过多久就被烧掉了,他们又得从头做起。"有时候,我们连续四五天不分昼夜地研究,每天忙得晕头转向。"她回忆说。尝试了很多次都没成功,在她的学长鼓励下,再加上本身那股不服输的精神,她坚持了下来。几个月后他们做成功了!"这次获奖是许多人一起努力的结果,我只是其中的一个。指导老师、辅导员给予了我们很多的帮助。我前面的几届师兄也做过相关研究,如果没有他们的研究基础,我们很难做成功。我的许多学长参与这个项目也付出了很多心血。"

玉经琢磨才成器,是华德给了她这样一个好的环境,让她可以用努力和坚持来丰富她的大学生活,让她用热情和激情使大学生活多姿多彩,让她能够不断地提升自己、雕琢自己,最终一步步实现自己的梦想。在继续前行的过程中,她会以百倍的信心和万分的努力去勇敢地面对,戒骄戒躁,用辛勤的汗水和默默的耕耘去谱写更为美好的明天!

通往成功的路总在施工中

——记建筑与土木工程学院 1803311 班朱程程

朱程程自入学以来,踊跃参加各种活动,热心帮助同学,积极向党组织靠拢。自入学递交入党申请书以来,她定期向党组织汇报思想,认真学习党的理论知识,加强党性修养,提高自身综合素质与能力,积极完成组织交给的各项工作,参加志愿团的各项工作,在思想行动上为同学们树立了良好的榜样,虚心求教,接受同学监督。

她明确自己的角色定位,努力学习。学生干部,首先是学生,其次才是"干部",不能本末倒置。学生的天职是学习,不仅要获得学历,更应提高"学力"。在学习上,她有明确的学习目标,认真钻研专业知识,刻苦学习,乐于帮助其他同学,取长补短,共同进步。她上课认真听讲、做好笔记,积极思考并回答老师提出的问题,课后及时完成作业,做到认真复习、预习一起抓。她也经常向老师和同学请教专业知识,课余时间到图书馆或自习室刻苦钻研。经过努力,她获得国家励志奖学金、校级二等奖学金、校级三等奖学金。事实表明,学习好、学力强的学生干部在开展学生工作时才会有更高的威信和更强的影响力。

"由于时间和精力有限,面对令人眼花缭乱的活动,我们应该学会取舍,切忌眉毛胡子一把抓。我们要根据自己的兴趣特长和职业取向,把精力投入到有限的学习或者活动中,然后全力以赴去做好。"作为一名学生干部,她努力做好自己的本职工作,做事主动、热情。她严格要求自己,为同学们带头做表率,积极配合老师完成各项工作、服务同学,赢得了老师同学的好评。担任团支书期间,她组织8次团日活动,组织同学们参加青年大学习,并在2019年秋季学期荣获优秀学生干部称号。在校学生会担任体育部干事期间,她组织体育节的各项活动,并获得第十五届体育节"先进个人"称号。在2019年秋季学期,她作为学校献血志愿者负责人,维持献血人员秩序,并对献血人员信息进行汇总。

她始终坚信:只要自己不放弃,就一定能获得更加优异的成绩。今后她会更加努力地学习和工作,为同学服务,做一个对社会有益的优秀华德人!

脚踏实地　不负韶华

——记机电与汽车工程学院1802401班崔玉麟

崔玉麟,中共党员,机电与汽车工程学院1802401班学习委员。他严于律己,追求卓越,入学以来始终坚持在各方面严格要求自己。他成绩名列前茅,思想追求进步,工作踏实认真,待人热情大方。先后获得"优秀学兵"、2018年秋"校级一等奖学金"、2019年春"校级二等奖学金"、2018—2019年国家励志奖学金等奖项与荣誉,在同学中起到了先进带头作用。

在学习上,作为班级学习委员,他积极协调沟通任课老师和同学,既是老师的好帮手,又是同学的好学委。他在班级组织开展"学习一帮一"活动,营造了良好的学习环境,全班同学成绩稳步提高。他以身作则,态度端正,成绩突出。他扎实学好专业知识,积极磨炼专业素养,踏实掌握专业本领,不会就学,不懂就问,取得了优异的成绩,先后获得校级一等奖学金、校级二等奖学金及国家励志奖学金。课余时间他潜心汲取各类知识文化营养,充分利用图书馆的相关书籍、报刊等资源拓展学习,还经常参加科技、人文、社科讲座及各类学习竞赛,力求全面提高自己的科学文化修养。

在思想上,作为中共党员,他坚定信仰,爱党爱国,追求进步,勇于担当。他积极学习党的纲领,认真了解党的理论,以马克思主义科学世界观来改造自己,时刻以先进党员的标准严格要求自己,热切关注时政热点,认真领会党的精神,贯彻落实党的要求,掌握国内外重大时事动态,通过每一次党课培训和交流学习不断深化自己的认识,成长为党性纯洁、理想信念坚定、政治觉悟强的优秀共产主义者。他时刻牢记要持续提升自身的先进性,发扬批评与自我批评的精神,常常自省并接受同学监督,始终严于律己,自觉肩负起当代大学生的使命与担当,在思想行动上为同学们树立模范榜样。

在工作上,作为学生干部,他认真负责,踏实肯干,乐于奉献。他的组织管理能力强,协调能力突出,为班级学风建设做出了突出贡献。他组织班级卓有成效地开展学习小组、特色晨读、学霸寝室等活动,营造了良好的学习氛围,使班级形成认真刻苦、互相帮扶的班风,也帮助和监督同学们养成良好的学习习惯,带领他们在学习方面取得巨大进步。作为老师信任的学生干部,他不骄不躁,将学生看作本职,将干部看作责任,踏踏实实做好班级日常管理工作,并及时向辅导员反馈班级同学学习情况,带领同学们完成每一项任务。作为同学信赖的学习委员,他能认真倾听同学的意见,设身处地为大家着想,具有强烈的团队意识及责任感,与同学关系相处融洽,受到他们的拥护。

作为新时代青年,他阳光积极,开朗热情,朴素大方,作风正派。他有广泛的兴趣爱好,积极参加体育锻炼,生活习惯良好,讲文明懂礼貌,尊重同学,尊敬老师。他做事情井井有条,有很强的独立性,同学们生活上有问题都愿意找他帮忙,他还主动为班级同学服务,得到老师和同学的信赖和好评。

大学生活给了他许多锻炼的机会,从实践中不断吸取成功的经验和失败的教训,他努力提高自己各方面的能力,现在所有取得的成绩对他来说不是终点,而是奋斗的另一个起点。相信崔玉麟同学在今后会更加努力,勤奋刻苦,勇往直前。

勤勉上进　扬起梦想的风帆

——记经济管理学院1805111班方静

大学是人生的重要转折点,要想真正学到知识和本领,除了继续勤奋刻苦地学习外,还要适应大学的教学规律,掌握大学的学习特点,选择适合自己的学习方法。方静就很好地做到了自觉学习,为同学们树立了榜样。

他学习刻苦,热爱读书。经常利用课余时间去学校图书馆学习读书,在2019年春季学期荣获华德学院第六届读书征文大赛优秀奖。他在专业课学习上努力认真,积极与老师讨论专业课知识,将上课没听懂的知识点课下及时复习弄懂,在2018年秋季学期以平均分92.08分在专业排名第一的成绩荣获2018—2019年秋季学期学校一等奖学金,同时在2019年春季学期荣获国家励志奖学金,在2019年春季学期期末考试中以平均分93.00分连续两个学期在专业排第一。在专业课学习之外,他还努力学习课外知识,注重提高综合素质。在2019年
秋季学期,他荣获第十二届娃哈哈全国大学生营销大赛优秀奖和2019年黑龙江省大学生服务贸易创新创业大赛二等奖。

　　作为班级学委,他认真负责,一直以饱满的热情去对待每一项活动和工作。他在学习方面起带头作用,在每学期期末复习过程中积极主动带领班级同学复习,对成绩较差的同学进行单独指导。同时他还每天监督班级同学上课出勤情况,并经常向老师汇报班级同学学习情况,加强老师与同学之间的沟通,在2019年秋季学期荣获经济管理学院"优秀学习委员"称号。

　　在荣誉面前,他保持着清醒的头脑,"这些都不足以使我骄傲,它们只能代表我曾经的努力,未来的路还很长。成功是留给有准备的人的。所以,从踏进校园的那一刻起,我就开始准备着。我会不停地朝着既定目标前进,遇到困难或挫折时,用毅力、勇气和智慧来扬起梦想的风帆,让理想的船舶平稳驶向海的彼岸。"

怀揣梦想　青春在这里绽放

——记外语学院 1706111 班水静静

语言学习需要极强的韧性和耐心,水静静同学刻苦求学,将自律和坚持贯穿自己的学习生涯。她每个学期都会给自己定下目标,一项项地完成。从大学英语四级到六级再到专业英语四级,一步一步按照计划复习备考,定期反思自己现阶段的学习状况,并适时调整学习计划。在课堂上,她紧跟老师的步调,做好笔记,课后做好预复习工作,脚踏实地认真完成老师布置的各项任务。同时她合理规划课余时间,主动到图书馆、自习室学习。她经常阅读双语新闻和文章来拓展自己的眼界,在了解实事人情的同时也加强自己的专业技能。

作为英语专业的学生,她知道自己在口语、词汇等很多方面都需要加强。因此从大一开始便坚持每天早起背单词,练口语。经过持之以恒的练习,她在口语方面有了较大的提升。大二上学期,她参加了军训口语教官的选拔,最终有幸担任 2018 届新生的口语教官。任职期间,她继续加强自己的口语训练,认真准备口语晨读材料,尽力把最准确、最地道的口语教给新生。晨读期间,她还鼓励新生带领大家晨读,迈出哑巴英语的第一步,找出其发音的不足,并加以纠正。除了领读之外,她也分享了自己学习英语的经验,加强新生对英语学习的兴趣与自信。

她勤学苦练,刻苦钻研专业知识,严格要求自己学好各门专业课,不断提高实际应用能力,并取得了优秀的成绩。期末考试她多次排名第一,并一次性通过大学英语四、六级考试,专业英语四级考试等级优秀。她还于 2018 年秋季获得国家励志奖学金,2019 年秋季学期获得国家奖学金。为了为拓展知识面,开阔眼界,提高自己的专业水平，她积极参加各种专业类竞赛和活动，如外研社杯英语阅读写作大赛、百威商务英语大赛等，获得很多奖项；2018年5月，获得中国好学生英语演讲大赛黑龙江赛区二等奖；2018年10月，获得全国"外研社杯"英语演讲大赛校级决赛一等奖；2019年11月获得"外研社杯"全国英语阅读大赛省级二等奖等。

2018年6月在哈洽会的实习是她第一次运用自己的专业知识与外国老板交流，为客人介绍产品。这次活动极大地提高了她的专业知识与实践的结合程度能力，也让她发现自己还有很多需要提升的地方。

她经常参加专业知识类演讲比赛，她对演讲的体会收获颇丰。她很感激曾经鼓励她参赛的老师和支持她的同学，没有他们，她或许永远不会知道性格内向的自己也能在演讲台上与其他优秀的选手竞争，并找到自信和学习的动力。"演讲舞台是向每一个人开放的，不管性格是外向还是内向，我们都有公开表达自己想法、观点的自由。而且作为大学生，我们更需要利用这样一个平台展现自己，说出自己的想法，为自己发声。"

一个人不管曾取得怎样的成绩，都只代表着过去，心中应该有更高的追求，才有继续向前的动力。她坚信只有经历尝试与磨难，视野才会清晰，才能激起雄心，相信她的明天会更加灿烂和美好！

第七篇 优秀校友篇

哈尔滨华德学院建立至今,为社会输送了近40 000名毕业生,他们在工作岗位上因进入角色快、动手能力强、综合素质高,深受社会和用人单位的欢迎。他们在各自的工作岗位上为国家做贡献,涌现了一批为母校增光的优秀校友。下面7位校友在母校学习、走上工作岗位的成长经历告诉我们大学应该如何度过、青春怎样才能绽放出绚丽的光彩,给我们以启迪。

青春在奋斗中闪光，梦想在拼搏中实现

——记建筑与土木工程学院2006届毕业生孙甲子

孙甲子是建筑与土木工程学院房地产经营与物业管理专业2006届毕业生。在校期间担任院学生会宣传部部长。现任黑龙江亿林网络股份有限公司的董事长，历任黑龙江省通信协会、互联网协会、物联网协会常务理事，黑龙江省互联网网络安全应急专家组成员。2012年当选为哈尔滨市平房区工商业联合会执委和哈南工业新城青年联合会委员，同年被哈尔滨市互联网协会授予"2012年度先进个人"称号，2013年被推荐为平房区政协委员，2014年被总工会授予"哈尔滨市劳动模范"称号。

2008年，孙甲子参与成立了黑龙江亿林网络股份有限公司，担任董事长一职。创业之初，备尝诸多艰辛，最初的时候只有一间办公室和5个员工，孙甲子既负责行政又负责财务工作，每天都要工作很晚却没有太多的客户。经过六年的努力奋斗，公司的生产及办公面积已经达到4 300平方米，员工100余人。配备了4星级数据中心1个，3星级数据中心1个，专业云计算研发实验室2个，成为黑龙江省内最大的中立接入服务商，数据中心接入数量全省第一，网站接入数量占全市三分之一以上。公司一直致力于自主创新，开发具有自主知识产权和应用价值的关键技术和核心技术，先后参与承担国家科技支撑计划、火炬计划、黑龙江省工程技术研究中心建设以及省级重点攻关计划等项目，取得了国家高新技术企业证书，于2012年荣获"公众满意质量诚信双优单位"及"黑龙江省软件与信息服务业务2001—2011年优秀软件企业"称号，同时荣任哈尔滨市服务外包协会副会长单位。

孙甲子给公司的定位是成为中国信息化咨询、管理、服务领域贡献度、专业度、美誉度和影响力第一位的上市集团公司,帮助中小企业做大、做强、做久。她为这一目标不懈奋斗,并坚信这一目标可以实现。从为不同类型的企业提供强大的技术支持和专业化的信息服务,到改善中国互联网行业的服务质量,提高中国企业信息化建设水平,公司始终坚持"客户第一"的原则,致力于服务每一位客户,为社会创造价值。在不同领域得到了认可和好评,先后与腾讯、京东、酷6视频及戴尔等公司进行深度合作,共同促进中国互联网事业的发展。基于这个定位,公司的高层领导带领团队不断研发新技术,推出新产品和服务。成果多次通过内参的形式上交给省市乃至国家领导人,受到了相关部门的赞扬及肯定。这些成绩的取得极大地提高了公司的核心竞争力。

为了促进公司的可持续发展,孙甲子对公司进行企业内部改革,提高企业管理水平,优化公司组织结构,维护公司信息安全,取得了信息安全管理体系认证,并于2013年9月27日带领公司顺利完成天津股权交易所挂牌上市,成为黑龙江省同行业数据中心中唯一在天津股权交易所挂牌上市的公司。

2013年3月,孙甲子光荣地加入了中国民主同盟。从加入民盟的那一刻起,孙甲子就深知自己的责任和义务,也要像前辈们那样为家乡的发展努力做出自己的贡献。作为基层代表,孙甲子一直坚持传达民众的声音,积极参政议政,2013年,孙甲子深入社会、深入实际进行调查研究,在环境保护和公共卫生等方面撰写的《加强平房区动漫基地环境保护工作的几点建议》《关于平房区动漫基地公共区域卫生清理的调研报告》等多篇调研文章受到了相关领导的重视,并被有关部门采纳。社会服务工作是民主党派组织和成员的智力资源的集合在社会中最直接的体现,也是民主党派参政议政的基础和载体、渠道和延伸。2014年1月,在哈尔滨市平房区动漫基地党团负责人的带领下,孙甲子带领员工走访了社区贫困家庭,2014年2月,孙甲子又走进了哈尔滨市儿童福利院,带去了礼品和关爱,通过这些行动进一步增强了企业的社会责任感,让员工体会服务社会、服务他人的快乐,以实际行动奉献社会、回报社会。同时加强了社区与企业之间的沟通,密切了社群联系,让更多人感受到来自亿林的关怀与温暖。

"长风破浪会有时,直挂云帆济沧海。"在今后的工作生活中,孙甲子将带领她的团队用心做好本职工作,认真履职尽责,服务发展大局,继续进行深入调查研究,不负重托，不辱使命，一步一个坚实的脚印，一步一个崭新的台阶，让梦想在拼搏中实现，为家乡、为社会、为国家做出更大贡献！

焊品如人品　成就"青年焊王"

——记机电学院 2010 届毕业生臧铁军

臧铁军，中共党员，机电学院焊接技术及自动化专业 2010 届毕业生，现工作在中车长春轨道客车股份有限公司、高速动车组制造中心，一级操作师、中车技能专家。曾获全国技术能手、吉林省技术能手、全国最美青工提名奖。

2009 年，在中车长春轨道客车股份有限公司来校招聘会上，臧铁军以优异的面试表现赢得了签约机会，并在毕业前开始了焊接技术工程师岗位的实习。在公司最初半年的专业技术培训中，他的实操成绩并不突出，这让他感到压力很大，特别是看到外国专家焊过的样板后，他坚定信心一定要赶超过去。

从那以后，外国专家那块焊件成了他操作台上的样板。他每天坚持苦练焊接手法，总是缠着实训师傅给他"打样"，观察怎么摆动、如何架枪、如何匹配焊接参数。由于焊接弧光辐射，加上练习次数过多，他总是被"打"到眼睛，每天上班都是红着眼睛、流着眼泪，同事们都称他为"千百次流泪的汉子"。凭借着不服输的韧劲他很快迎头赶上，熟练掌握了 18 项焊接基本技能，在公司第一个拿下铝合金欧洲焊接资质和国际焊接技师资质，连外国专家也称他"太神奇了"。

2009 年 9 月，他接到时速 250 公里动车组端头与车体大缝的焊接任务，与培训期所焊接的试样完全不同，实际经验不足成为他独立作业必须跨越的障碍。之后，他每天早早来到单位,帮老师傅准备好焊机、工具,拽着师傅打听操作要领,并了解到在车体产量攻坚时期,由于铝合金车体大缝焊接时间长、难度大、个别焊接位置特殊,如果能掌握"左右交叉焊"的手法,便能有效提高焊接效率。"一定要拿下!"他毅然决定要在最短时间内学会左右手焊接。此后他勤于钻研并苦练技法,用包括午饭和休息时间在内的三个月完全掌握了"左右交叉焊"这种难度系数较高的技术,也因此得名"双枪焊手"。

2010年7月,由于技能出色,臧铁军被调到时速300公里动车组总组成班,在那里他全面掌握了车体总组成焊接工序的实际操作技巧。2011年11月,在"中国北车第五届职业技能竞赛"中,他以一等奖的优异成绩脱颖而出,并被评为"全国技术能手"。2012年他成为中车长春轨道客车股份有限公司最年轻的工人技师和一级操作师,此后陆续获得铝合金焊接领域的"青年焊王""全国青年岗位能手""吉林省技术能手""吉林省杰出青年""全国最美青工"提名奖等多项荣誉。他还当选中国共青团第十五次代表大会代表,目前还担任吉林省青联委员会常务委员。

从事新一代高速动车组铝合金车体焊接工作以来,他先后参与了CRH5、CRH380C、CRH380BL、CRH380B等多个高寒高铁项目的生产,共计参与完成3 900台动车组生产,个人实现117 000米小件焊缝无缺陷。在谈到他执着专业和事业的动力,臧铁军讲到"焊品如人品,一定要做到表里如一,我要为焊过的每一条焊缝负责,为中国高铁事业负责!我愿意为具有世界顶级水平的新一代高速动车组生产制造做出自己的贡献,为我国的高铁事业不懈奋斗!"

在英国攻坚克难的优秀工程师

——记电子与信息工程学院2010届毕业生王原

王原,中共党员,电子与信息工程学院2010届毕业生,在校期间荣获飞思卡尔杯智能汽车竞赛东北赛区一等奖,全国优秀奖;黑龙江省大学生电子设计竞赛一等奖;全国大学生电子设计竞赛黑龙江赛区竞赛一等奖;黑龙江省优秀毕业生。2010年考取英国南安普顿大学微电子系统设计专业研究生,2011年获英国物理与电子研究协会

第七篇 优秀校友篇

EPSRC全额奖学金攻读英国约克大学博士学位。他曾是华德学院创新实验室队长、英国约克大学学生会主席,现就职于英国赫特福德大学工程科技学院,担任生物微机电系统研究组研究员工程师。

一、学霸模式在华德开启

就连王原自己也不敢相信,曾经不爱学习的自己,进入华德学院后竟爱上了钻研学术,开启了一往无前的学霸模式。初入华德的王原,受到学校"三个尖子"培养措施的鼓励,加入学生创新实验室。在和队友们一起进行专业学习、研发的过程中,他的专业技能也得到迅速提高。

对于第一次参加全国电子设计竞赛的情景,王原记忆犹新。整个暑假他和队友们都泡在实验室里,激烈地讨论实验方案,一次次地进行实验操作,甚至吃住在实验室里,直到最后实验取得成功。在2009年的智能车比赛中,直到竞赛的最后一刻,他们终于想出了问题的解决方案,夺得东北赛区一等奖。站在领奖台上,身边的队友激动地对他说:"从没想过我们真能获奖!"一个个奖杯只是当时比赛成果的记录,而比赛过程中形成的坚韧不拔精神、强烈的团队意识和出色的沟通协调能力成为日后支持他不断攀登一座又一座科学高峰的宝贵财富。

二、异国生活在探索中前行

四年的华德生活坚定了王原继续深造的决心,本科毕业后他顺利考入了电子技术专业世界顶尖的英国南安普顿大学。在英国读研究生期间,他萌生了继续读博士的想法。他出色的动手能力得到了英国约克大学安迪教授的赏识,以全额奖学金录取他攻读博士学位。2016年王原博士毕业,开启了人生的新篇章,成为英国赫特福德大学工程科技学院生物微机电系统研究组的研究员工程师。

时光荏苒,王原已经在英国学习生活了近七年,其间的五味杂陈总令他十分感慨。而最让他感到惊喜的一件事,是在2014年顾德库校长带着学校的骨干团队到英国高校访问交流期间,与他的一次相聚。他说:"我和校长老师们相聚的时间很短,就是短暂的一个午饭时间,顾校长还为我点了一碗牛肉面,他问我学业进展情况,并给了我许多建议和鼓励。临别时,顾校长还赠给我一本他的诗集,我很珍惜,到现在还经常拿出来读一读,感觉仿佛又回到了母校……"

勤奋好学　筑成"清华梦"

——记机电与汽车工程学院2015届毕业生董常青

华德学院"百名研究生计划"实施以来,每年都有一些同学考取硕士研究生。2015年考取清华大学硕士研究生的董常青同学是他们中的杰出代表。

董常青出生于安徽省无为县的一个普通农民家庭,受家庭影响,董常青从小自强自立。艰苦的生活让他早早成熟,也让他在幼年时就敢于面对现实——知识改变命运,要想建设家乡,必须好好学习。就这样,从小学到中学,董常青一步一个脚印,朝着自己的理想脚踏实地地坚实迈进。

上了大学之后,华德的"百名研究生计划"激发了董常青考研的决心。大二时,他开始确定考研的目标,他心目中的报考学校是上海交通大学。虽然当时他把考研当成了目标,可他还是想凭着努力学习专业知识,在毕业后能找到一个好工作。为此,他不仅学习专业的课程,还学习他认为,或者说工作中能用得上的课程,如UG、PROE、工商管理、企业管理等。大三的时候做课程设计,他没有借到减速器模型,网上也没有搜索到,他就自己用UG做了一个,并且共享到了网上。因为家庭条件不好,考虑到父亲多年的操劳,董常青在决定考研的同时,为自己留了一条"后路"。2013年12月,台达集团到学校招聘。凭借着扎实的理论功底、优异的专业知识，董常青轻松通过了四轮面试，被台达集团录取。工作协议其中有一条就是，如果他考上研究生，就自动解约。这样，董常青得以在接下来的一年中没有后顾之忧地投入考研之中。

  考研需要具备扎实的理论知识和专业基础。他有意识地把每一门专业课知识都学好，如果有门课没有听懂，他就去别的老师那里蹭课。董常青说："大二时，我理论力学没有学明白，就去了程燕平老师教的那个班去蹭课，因此也认识了很多新同学。"程燕平是哈工大的教学名师，曾获哈工大首届"我心目中的好老师"。像程燕平这样的哈工大教学名师在华德的课堂上能见到许多位，有这么好的老师讲课，董常青的专业基础打得很牢。他在学好专业课程的同时，还选择了一些感兴趣的科目自学。大三下学期，董常青经常跟正在复习考研的学长杨金豹一起学习，杨金豹教会了他怎样更合理地安排时间，"每天晚上10点之前睡觉，早晨6点起床。"他一边学习专业课，一边和学长学习考研知识，这个时候，专业课对于他而言已经是非常简单了，可是他依然没有逃过课。他清楚，扎实的专业基础是靠一门门专业知识积累起来的。复习考研期间，他把考研所要考的科目——机械设计和机械原理这两本课程反复地复习，不懂的就去请教专业老师，或者到学校图书馆查找资料进行自学，直到把所有的知识点都弄懂弄透。2014年9月，董常青在网上搜到了往年清华机械设计基础的回忆版真题，上面说连续两年都考到了画零件图，12分，还有滑动轴承，大约15分。于是，从9月起，他每天早晨起来首先画一个小时的图，将机械设计所有常见零件图都照着画一遍，并花了大约一周时间将滑动轴承彻底弄懂了。正是这种一丝不苟的学习态度，成就了他的清华梦。

  考研是一个枯燥、寂寞的过程。2014年3月一直到考研结束，十个月时间，是董常青大学学习生活中感觉最枯燥、沉闷的一年，也是感觉最充足、最有收获得一年。在枯燥寂寞中他用毅力坚持下来，在等待中获得成功。董常青进入了清华园，去实现他儿时的梦想，成为一名机械工程师，更好地建设自己的家乡。

发生在身边的故事

愿当知心人的大学生村干部

——记艺术与传媒学院2012届毕业生王阳

　　王阳，中共党员，艺术与传媒学院广播电视编导专业2012届毕业生。在校期间曾担任班长和团支部书记等职务，曾获校"三好学生""优秀学生干部""优秀毕业生"等荣誉称号。毕业前夕，他将就业目标定在了"基层就业项目"中的大学生村干部，因为他深感于"知屋漏者在宇下，知政失者在草野"这句经典古语，想到农村基层锻炼自己。

　　2012年6月，王阳以优异的成绩通过了江苏省委组织部的选拔，到睢宁县魏集镇陶河村当起了党支部副书记。看村貌、访村情，上岗半个月他走访了村里的每家每户，给大家留下了实在、平易近人的印象。为拓宽群众视野、服务村级发展，王阳克服硬件缺、经费少、村民文化素质低的重重困难，在村里牵头建起了远程教育平台，不仅把文明新风吹向了村里的每个角落，也把科学的种子撒播到了群众心里。之后，他在丰富村民业余文化生活、帮扶教育留守儿童、帮助群众解决实际困难等多个方面为陶河村的发展贡献着自己的智慧和力量。

第七篇 优秀校友篇

从成为村干部至离开岗位的600多个日日夜夜,王阳参与和见证着陶河村的每一次改观,这位年轻的大学生村干部在成为村民知心人的同时,也在扎根农村、服务"三农"的工作实践中坚定了自己践行好党的群众路线、助推农村大发展的信念。在每一本民情日记的扉页上,王阳都写着这样的一段话:"到群众家、说'家乡'话、办贴心事,方能拉近党群距离;听群众疾苦、系群众安危、解群众困难,方能是群众知心人;拜群众为师、为群众服务、请群众批评,方能是称职村干部。"

任职村干部期间,王阳荣获"2012—2013年度江苏省睢宁县基层党员干部冬训先进个人、2013年度徐州市优秀共青团员、2014年度徐州市群众满意好村干部、2014年度江苏省优秀共青团员、2015年睢宁县校外辅导站建设先进个人和2015年徐州市群众满意的好村干部"等荣誉称号。2016年3月,王阳通过了神华集团定向招聘服务期满大学生村干部的考试,现任神华神东电力有限责任公司新疆米东热电厂新闻宣传与企业文化主管。

发生在身边的故事

自强不息终结果　励志不忘从教心

——记经济管理学院 2011 届毕业生付琼瑶

付琼瑶来自四川,是一个恬静、乖巧的学生。2007 年 9 月,她考入华德学院市场营销专业。在校期间,虽各门课程成绩优异,也多次获校奖学金,可由于性格原因,她始终对所学专业的就业方向有些抗拒。说起她的愿望,她更希望自己成为一名教育工作者。"全员成才"是学校人才培养的宗旨,了解到她的情况,经过深谈,老师提出了考研的建议,为她的梦想点燃了希望之火。经过努力,2011 年她以 342 分的好成绩考取了四川师范大学中国近现代史专业的公费研究生,按当年的录取情况,该分数已超过北京师范大学的录取分数线。

因父亲常年生病,付琼瑶本就一般的家境显得更加窘迫。虽被公费录取,但读研仍需不小的开支。为缓解家里的经济压力,付琼瑶读研的业余时间大多用于兼职。她在当地的教育机构担任历史老师,为高考的学生补习历史。这既解决了她读研的经济需求,又可以贴补家里,而更难能可贵的是她从未放松过学业,每年都能获得学校的奖学金。回忆起那一段经历,她认为是充实而快乐的。

研究生毕业后,她到四川文理学院团委工作。一年多的时间,从团委干事提升为团委副书记。认真踏实的工作态度和出色的工作表现使得她很快得到了学校领导的肯定。在她的指导下,四川文理学院的"中国特色社会主义理论研究"学生社团获全国百佳社团荣誉;她组织学生团队参加的"井冈情,中国梦"2016 暑期社会实践活动因表现突出,获团中央表彰;她个人也在 2016 年获得达州市优秀团干部荣誉称号。

致敬，烈火英雄！致敬，学子楷模！

——记机电与汽车工程学院 2014 级学生陈博文

陈博文，中共党员，天津滨海新区人，1996 年 1 月出生，生前系华德学院机电与汽车工程学院材料工程系焊接技术与工程专业 2014 级学生。在校期间他响应国家号召，应征入伍，成为天津市公安消防总队开发支队特勤中队特勤班战士，武警列兵警衔。

一、赴汤蹈火，用热血诠释神圣使命

2015 年 8 月 12 日 22 时 50 分，一阵急促的警铃声在开发支队特勤中队响起，天津港瑞海公司仓库发生火灾爆炸事故，情况万分危急。已经入睡的陈博文从床上一跃而起，飞快奔向车库，登上他熟悉的战车，奔赴火场。作为前方作战年龄最小的战斗员，指挥员有意地将他安排在后方，可陈文博一脸坚决，"不行！每个人都有自己的职责，我是战斗员，就应该冲在火场第一线。"23 时 16 分左右，开发支队特勤中队到达火场。陈博文按照现场指挥员的安排，第一时间迅速布置进攻阵地。这时，意外突然发生，现场突然发生剧烈爆炸，热辐射、冲击波夹带着碎石乱屑，瞬间就将陈博文和战友们吞没。年轻的心停止了跳动，他的生命永远定格在了 19 岁的夏天，这时距他穿上警服仅仅 320 多天。2015 年 9 月 17 日他被中共天津市委组织部追认为中共党员。

二、苦练精兵，在消防警营磨砺成长

入伍之初，陈博文在战友中并不显眼，因为体型较胖，体能训练让他有些吃不消。为了能够追赶上其他战友，他就偷偷利用休息时间给自己"加餐"。中队在组织爬杆训练时，别人爬一趟、两趟，他就爬三趟、五趟，直到累得筋疲力尽为止，上肢力量不足就练单双杠、俯卧撑，腿部力量不足就多练习跑步、深蹲。在训练之外，他每天坚持"五个一百":100个俯卧撑、100个仰卧起坐、100个深蹲、100个蛙跳、100个单双杠。经过持之以恒的刻苦训练,短短三个月的时间,陈博文就成为中队新兵体能训练的佼佼者,让很多战友刮目相看,很多老兵都认为他是中队灭火救援的好苗子,中队干部也将他列为重点培养对象。陈博文积极向党组织靠拢,参加中队政治学习,阅读了大量优秀共产党员的先进事迹,撰写了近万字的心得体会。陈博文在入党申请书中这样写道:"从入伍的第一天起,我就坚定了信念,要加入中国共产党。作为一名军人,身边领导和同志们的行为告诉我什么是党员,无数先烈告诉我什么是优秀的共产党员,我也要像他们一样,做一个优秀的共产党员……"此后,他一直以党员的标准严格要求自己,直到赴汤蹈火,用生命践行了对党的承诺。

三、道德模范,事迹感动龙江数万学子

2016年11月8日,由黑龙江省委宣传部、省委高校工委、省教育厅、省文明办、团省委、黑龙江广播电视台共同主办的2015—2016年度全省高校大学生年度人物暨道德模范人物(群体)评选中,哈尔滨华德学院把陈博文烈士的事迹整理上报,感动了龙江大地的无数学子,他被授予"大学生年度人物特别奖"。组委会写给陈博文烈士的颁奖词是:"19岁,天之骄子,风华正茂,求知若渴;19岁,入伍消防,铁肩担当,是你无悔的选择;19岁,逆火而行,舍生忘死,你践行着自己的承诺;19岁,阳光的笑容,追梦的脚步,却在火海中定格。一声警笛,刻不容缓,赴汤蹈火!一句誓言,赤胆忠心,为国为民!致敬,烈火英雄!致敬,学子楷模!我们将怀着同样的赤诚,续写你青春的壮歌!"

四、精神永存,续写你青春的壮歌

陈博文牺牲后,母校华德学院号召学生向陈博文烈士学习,还成立了以他名字命名的"博文志愿者服务队",并已多次开展内容丰富、效果显著的志愿服务活动。"博文志愿者服务队"立志要将烈士对党的忠诚,化作一缕缕阳光,去温暖更多需要帮助的人。

第七篇　优秀校友篇